JANAKLAR
WIELAND STOLZENBURG

MEIN KONSUMTAGEBUCH

Besser leben durch bewussten Konsum

MEIN KONSUMTAGEBUCH

Besser leben durch bewussten Konsum

JANAKLAR
WIELAND STOLZENBURG

Originalausgabe
1. Auflage 2019
Verlag Komplett-Media GmbH
2019, München/Grünwald
www.komplett-media.de
ISBN: 978-3-8312-0555-4
Auch als E-Book erhältlich

Lektorat und Korrektorat: Redaktionsbüro Diana Napolitano, Augsburg
Cover, Layout und Illustrationen: Heike Kmiotek, www.heike-kmiotek.de
Umschlaggestaltung: Guter Punkt, München
Satz: Daniel Förster, Belgern
Druck & Bindung: COULEURS Print & More, Köln

Printed in the EU

Dieses Werk sowie alle darin enthaltenen Beiträge und Abbildungen sind urheberrechtlich geschützt. Jede Verwertung, die nicht ausdrücklich vom Urheberrecht zugelassen ist, bedarf der vorherigen schriftlichen Zustimmung des Verlags. Das gilt insbesondere für Vervielfältigungen, Bearbeitungen, Übersetzungen, Mikroverfilmungen und die Speicherung und Verarbeitung in elektronischen Systemen sowie für das Recht der öffentlichen Zugänglichmachung.

INHALT

Vorwort 9

AUS DEM LEBEN EINER KONSUMENTIN
von JANAklar 13
Hallo lieber Leser oder liebe Leserin 14
Wie ich aus der Konsumfalle aufwachte 16
    Geborene Konsumentin 16
    Wie Essen zu meiner Hassliebe wurde 18
    Die Entdeckung meiner Leidenschaft 22
    »Mama, ich bin reich und berühmt!« – Oder so 25
    Meine Zeit des Überflusses 27
    Burn-out und wichtige Erkenntnisse 30
    Einmal Leben überdenken, bitte! 32
Going Minimal – weg mit allem, was mir nicht entspricht 46
    Entrümpeln meines physischen Ballasts 46
    Wer sind meine wahren Freunde? 48
    Wovon will ich mich wirklich beeinflussen lassen? 50
    Ich entschied mich gegen das schnelle Geld 52
    Durch Wissen bewusster werden 53
    Überkonsum – das eigentliche Problem 56
    Ankommen 58
    Mein Leben ist nun einfacher 62
Back to the Roots 64

ERLÄUTERUNG VOM EXPERTEN
von Wieland Stolzenburg 67
Meine Geschichte 68
Wir alle möchten glücklich sein 70
    Das Glück im Haben suchen 70
    Das Glück im Sein suchen 71
    Haben und Sein lassen sich nicht eindeutig abgrenzen . . . 72
Über welchen Weg wir unsere Zufriedenheit erreichen möchten 73
    Das Bedürfnis nach Sicherheit 74
    Das Bedürfnis nach Abwechslung und Unsicherheit 75
    Das Bedürfnis nach Bedeutung und Anerkennung 76
    Das Bedürfnis nach Liebe und Verbundenheit 77
    Das Bedürfnis nach persönlichem Wachstum 79
    Das Bedürfnis nach sozialem Beitrag 80
Die Nachhaltigkeit dieser Strategien zum Glück 84
    Der Konsum bestimmt unser Leben und unser Da-Sein . . 84
    Extrinsische und intrinsische Motivation 91
    Warum wir im Konsum das Glück suchen 93
Was wir konkret tun können, um wirklich zufrieden zu sein . . . 97
    Der Sinn und Unsinn der Ersatzbefriedigungen 98
    Die Außenwelt ist immer ein Spiegel unserer Innenwelt . . 100

JETZT BIST DU DRAN
von JANAklar 105
Wie dein Tagebuch funktioniert 106
Meine Bestandaufnahme 108
    Wofür verwende ich meine Zeit? 109
    Welche Bedürfnisse haben bei mir Priorität? 114
    Wofür bin ich dankbar? 120

Meine Ziele für dieses Jahr	121
Mein Vision Board	122
Meine Ausmist-Challenge	124
Ich lasse los, was mir nicht entspricht	124
Mein Kleiderschrank	125
Mein Badezimmer	136
Meine Küche	143
Meine Ernährung	146
Mein Haushaltsschrank	157
Meine Rumpelkammer	159
Mein Schreibtisch	160
Meine Einflüsse	161
Meine Herzensmenschen	165
Meine Finanzen	170
Meine Umwelt	177
Mein Guide	184
Der bewusste Weg, der überall klappt	184
Wohin mit all dem Zeug?	185
Meine Einkaufspyramide	188
Konsumfragen	191
Wenn du mal verzweifeln solltest	195
Meine Inspirationen	204
Bücher	204
Dokus	205
Meine Wunschliste	207
Meine Käufe	210
Mein Tagebuch	214
Danksagung	267
Quellen	268

VORWORT

Dieses Buch wird das letzte Ding sein, das du jemals gekauft hast! Das war's!

... okay Spaß. Obwohl ich es schon richtig lustig fände, wenn die folgenden Seiten einfach leer wären. Keine Angst, tatsächlich kommt da noch einiges, und in dem Buch soll es auch nicht darum gehen, dass du überhaupt nichts mehr kaufen sollst. Vielmehr möchte ich dich auf deinem Weg hin zu einem »bewussteren« Konsum begleiten. Warum?

Mir ist da was aufgefallen. Ich schaue mich um in einer Welt, in der wir alles haben, was wir uns erträumen können. Es gibt nichts, was es nicht gibt. Für einen Großteil unserer Probleme gibt es augenscheinlich tolle Lösungen, meist in Form von Produkten.

Wir haben mehr als nur gefüllte Mägen und Schränke, die so voll sind, dass wir nicht mehr wissen, was wir überhaupt besitzen. Wer hier lebt, könnte sich sogar gratis eine Wohnung aus all dem einrichten, was andere wegschmeißen – und das würde sogar super fancy aussehen. Ich denke, dass das nicht mal jemand merken würde. Viele Kaffeehäuser in Wien machen das sogar so und gehören zu den angesagtesten Hipster-Lokalen der Stadt. Wir sind sogar so reich, dass wir jährlich tonnenweise frische Lebensmittel entsorgen.

Und obwohl wir im absoluten Wohlstand leben, sind die meisten von uns unzufrieden. Viele von uns verspüren ein tiefes Loch in ihrer Seele. Fehlende Nächstenliebe, Wärme und Zuneigung machen diese Löcher immer größer. Vorerst denken wir, dieses Loch mit Belohnungen wie neuer Kleidung oder einem leckeren Essen füllen zu können, doch dass dies nur kurzzeitig anhält, wissen schon die meisten von uns. Trotzdem »belohnen« wir uns wieder und wieder. Zum Beispiel mit dem zehnten herrlich duftenden Duschgel, welches dann im Badezimmerschrank darauf wartet, vom nächsten ersetzt und anschließend vergessen zu werden.

Mit diesem Verhalten richten wir so einiges an, was uns nicht immer direkt bewusst ist. Die Erde, auf der wir Gast sind, pfeift schon aus dem letzten Loch. Wir verschwenden Ressourcen in Rekordgeschwindigkeit, verschmutzen die Böden und Gewässer bis auf die letzten Zentimeter. Ganze Müllinseln schwimmen bereits auf den Ozeanen dieses Planeten. Wir züchten Lebewesen in Massen, um sie dann ohne Wertschätzung und Mitgefühl für unsere Zwecke zu quälen und auszubeuten.

Doch nicht nur die Erde und andere Lebewesen leiden, sondern auch wir selbst tun uns damit überhaupt keinen Gefallen. Zum einen kann es uns nicht gut gehen, wenn unser Lebensraum zerstört ist, und zum anderen leiden unsere psychische und körperliche Gesundheit mehr als je zuvor. Wer im Strudel des gelenkten Konsums gefangen ist und nicht ausbricht, wird sich sein gesamtes Leben unvollständig, gefangen und nicht gut genug fühlen. Aber umgekehrt gilt genauso: Wer nicht an seiner Psyche arbeitet, wird nie aus dem Strudel des Konsums ausbrechen.

Ich bin eine Freundin davon, Probleme bei der Wurzel zu packen oder gleich am ganzen Baum zu ziehen und die Wurzel mitzureißen. Ich könnte in diesem Buch nur darüber schreiben, wie super wichtig es für die Umwelt ist, dass wir bewusster konsumieren und ein bisschen an der Oberfläche kratzen. Doch wenn ich von der Wurzel spreche, meine ich das Loch in uns, das wir gern füllen möchten. Wie entsteht das Loch, und wie geht das wieder zu, wenn nicht mit Konsum?

Tatsächlich macht uns das Konzept des Kapitalismus, mit dem wir momentan leben, das Umdenken mehr als schwer. Fast schon im Sekundentakt wird uns von allen Seiten ins Unterbewusstsein geflüstert, nicht genug zu sein, denn nur so sind wir auch brave Käufer. Wenn du mir nicht glaubst, dann beobachte doch mal einen Tag lang ganz aufmerksam, was du auf Werbeplakaten, im Fernsehen, in der Zeitung, auf Social Media, im Radio und Co. erzählt bekommst. Fühlst du dich, nachdem du Zeit auf deinem Handy verbracht hast, besser oder schlechter? Hast du möglicherweise sogar das Bedürfnis, etwas zu kaufen, damit dieses Gefühl wieder besser wird?

Ich will ja hier keinem was unterstellen, aber wer behauptet, er hätte sich noch nie etwas gekauft, um sich danach besser zu fühlen, der lügt entweder oder hat dieses Buch hier absolut nicht nötig. Durch die aktuelle Dringlichkeit, dem Klimawandel entgegenzuwirken, setzen sich bereits immer mehr Menschen mit einem bewussteren Leben auseinander. Dass unser Konsumverhalten aber auch eng im Zusammenhang mit unserem geistigen und körperlichen Wohlbefinden und somit einem glücklicheren Leben steht, sehen noch die wenigsten. Das bedeutet, dass sich alles, was du kaufst oder konsumierst, direkt auf dich, die Umwelt und andere Lebewesen auf diesem Planeten auswirkt. Wie genau, erzähle ich dir später noch.

Vieles, was du gerade gelesen hast, ist dir möglicherweise schon bewusst, aber wie geht man jetzt damit um, und wie kann man etwas verändern? Diese Dinge klären wir gemeinsam in diesem Buch. Und wenn ich schreibe »gemeinsam«, dann meine ich das auch so. Im hinteren Teil des Buchs wirst du selbst zum Autor deines höchst persönlichen Konsumtagebuchs.

Ich hoffe, es ist für dich okay, wenn ich dich mit du anspreche. In dieses Buch schreiben wir ja beide sehr private Dinge, deshalb möchte ich gleich klarstellen, dass wir hier unter uns sind. Kann sein, dass ich dir in dem Buch gar nichts Neues sagen kann, weil du das eh schon alles wusstest, kann aber auch sein, dass das hier für dich der Zugang zu einem neuen Leben ist.

Ich hoffe, dass du mit diesem Buch ganz viel Freude hast und wünsche dir viele tolle Erkenntnisse beim Ausfüllen.

Deine Jana

AUS DEM LEBEN EINER KONSUMENTIN

von *JANAKLAR*

HALLO LIEBER LESER ODER LIEBE LESERIN

Ich freue mich sehr, dass es ausgerechnet dieses Buch in deine Hände geschafft hat. Einerseits weil das heißt, dass du dich dafür interessierst, etwas zu verändern, und andererseits weil das hier mein allererstes Buch und somit etwas ganz Besonderes für mich ist.

Dir ist bestimmt beim Lesen des Vorworts schnell klar geworden, dass mir das Thema bewusster Konsum unfassbar wichtig ist. Für mich ist es so, als hätte ich nach jahrelangem Schlaf endlich meine Augen ganz weit aufgerissen, und nun kann ich die Welt ganz anders und irgendwie viel besser, klarer und selbstbestimmter sehen. Es ist zwar nicht alles, was ich da jetzt sehe, wunderschön, aber davon erzähle ich dir später noch.

Insgesamt würde ich aber sagen, dass bewusster Konsum mein Leben um ein Vielfaches einfacher gemacht und mir dabei geholfen hat, mich selbst, die Erde und andere Lebewesen besser kennenzulernen. Weil ich dieses unendlich tolle Gefühl gern jedem Menschen auf dieser Erde schenken würde, habe ich mir zum Ziel gemacht, meine Erkenntnisse zu teilen und so viele Menschen wie möglich zu motivieren und auf ihrem Weg zu begleiten. Nicht nur in Form von diesem Buch. Du findest mich auch online, falls du mich nicht eh schon von dort kennst. Geh doch mal auf YouTube oder Instagram, und suche nach JANAklar. Ich weiß, der Name ist sehr passend. Jana ist halt einfach mein Vorname, und ich hab ja wie gesagt seit Kurzem das Gefühl, die Welt immer klarer sehen zu können.

Ich bin keine Ärztin, Therapeutin oder ausgebildeter Mental Coach. Ich würde sagen, ich bin einfach eine junge Frau Anfang ihrer Zwanziger, die schon einiges erleben durfte und daraus recht vieles lernen konnte. Ich kann dir hier also kein einstudiertes Wissen weitergeben, und das möchte ich auch gar nicht. Das heißt aber nicht, dass fachliches Wissen in diesem Buch zu kurz kommt. Dafür habe ich den lieben Wieland an meiner Seite.

Ich möchte dir meine Geschichte erzählen und meine Erkenntnisse mit dir teilen. Obwohl dieses Buch nicht als Autobiografie gedacht war, werde ich dir also den nackigsten Seelenstriptease hinlegen, den du jemals gesehen hast. Denn auch wenn das, was mir in den letzten Jahren passiert ist, recht außergewöhnlich ist, bin ich mir sicher, dass du dich in manchen Dingen wiederfindest. Und wenn nicht, denkst du dir danach zumindest: »Wenn die es schafft, bewusst zu konsumieren, dann schaff ich das auch.«

Mein Ziel ist es, dich hier richtig scharf darauf zu machen, dir und deiner Umwelt ein besseres Leben durch bewussten Konsum zu gestalten, bevor du für dich in den interaktiven Teil am Ende des Buchs übergehst und es in die Tat umsetzt.

WIE ICH AUS DER KONSUMFALLE AUFWACHTE

GEBORENE KONSUMENTIN

Okay, okay, was genau ist denn jetzt in den letzten Jahren so Außergewöhnliches bei mir passiert, und warum finde ich es so wichtig, dass du das weißt? Als kleine Vorgeschichte will ich dir einen kurzen Einblick geben, wie ich aufgewachsen bin. Warum das für die Geschichte wichtig ist, wirst du später noch herausfinden. Ich starte mit meiner Geschichte tatsächlich ganz am Anfang, also bei meiner Geburt.

Ich wurde in einer lauen Sommernacht 1995 in einer mittelgroßen Stadt in eine mittelgroße Familie mit einem recht durchschnittlichen Einkommen geboren, die anschließend in ein mittelgroßes Haus gezogen ist. Ihr seht schon, worauf ich hinausmöchte? Ich wuchs also relativ durchschnittlich auf. Als Kind fehlte es mir an nichts. Meine Eltern scheuten keine Mühen, mir und meinem Bruder alles zu ermöglichen, was wir wollten. Ich hatte alle Spielzeuge, die das 90s-Herz begehrte. Der Fureal Friends Panda und der Pipi Max begleiteten mich in die Schule, und ich testete wie viele andere Mädchen meine Karriere als Frisörin an meinen Barbies aus und sammelte Sticker. In den Schulbänken schickten wir uns mit Infrarot die neuesten Songs auf unsere Handys zu. Bis hierhin nichts Außergewöhnliches also.

Als ich älter wurde, durfte ich mir zu jeder neuen Jahreszeit neue Kleidung im größten Einkaufszentrum der Stadt aussuchen. Das war für mich immer das absolute Highlight. Ich fieberte so auf diese Tage hin, um mich dann einen Nachmittag im Einkaufszentrum dem Kaufrausch hingeben zu können. Da manche Teile in bestimmten Läden nur wenige Euros kosteten, fühlte ich mich wie die Kinder aus dem Super Toy Club bei Toys R Us. Alles einpacken, was geht. Mehr ist mehr. Normal halt. Nichts, was dich schockieren könnte. Eigentlich harmlos im Vergleich dazu, wie die meisten Kinder heutzutage aufwachsen.

Meine Eltern arbeiteten beide viel, weshalb ich meine Nachmittage doch überdurchschnittlich oft allein oder mit meinem Bruder vor dem Fernseher verbrachte. Einen Großteil der Sendungen, die dort täglich liefen, konnte ich schon auswendig mitsprechen. Die RTL2-Nachmittage prägten mein Leben sehr. Natürlich ging da auch die Werbung nicht ganz an mir vorbei. Okay, das ist jetzt untertrieben. Ich war richtig fasziniert von Werbungen. Die Kreativität mancher Spots begeisterte mich so sehr, dass es zu meinem größten Traum wurde, mal selbst in der Werbebranche zu arbeiten.

Mein Bruder und ich erfanden sogar ein Spiel, bei dem man als erster schreien musste, wenn man erriet, welches Produkt in der jeweiligen Werbung beworben wurde oder um welche Marke es sich handelte. Der mit den meisten Punkten gewann dann am Ende der Werbepause. Ich war richtig besessen davon und erkannte fast jede Werbung, die damals lief, am ersten Wort. Bis heute weiß ich noch die Texte vieler dieser Spots, obwohl ich inzwischen gar keinen Fernsehanschluss mehr habe. »Außen Toppits, innen Geschmack!« Wenn du das jetzt mitgesungen hast, weißt du, wovon ich spreche. Und wenn nicht, kennst du bestimmt unzählige andere Werbesprüche, die sich in deinem Kopf eingenistet haben.

Wie fast jedes junge Mädchen in der Pubertät heutzutage hatte ich ein riesiges Problem mit meinem Selbstwertgefühl, teilweise arbeite ich noch heute daran. »Fast jedes junge Mädchen« kann man so eigentlich nicht schreiben. Immer mehr bemerke ich, wie präsent dieses Thema in allen Altersgruppen bei allen Geschlechtern ist. Ich bin immer wieder aufs Neue geschockt, wie unsicher viele von uns sind und glauben, dass sie mit ihrem Problem allein wären. Na ja, aber weiter im Text …

Irgendwie hatte ich immer das Gefühl, es würde mir etwas fehlen. Ich fühlte mich unbewusst immer so, als wären alle anderen schöner, besser oder liebenswürdiger als ich. Warum das so war, wusste ich damals noch nicht, und auch dass sich das jemals ändern würde, hätte ich nicht vermutet. Damit du dir das Gefühl besser vorstellen kannst, werde ich es ab jetzt »ein Loch in meiner Seele« nennen. Das klingt ja wirklich sehr dramatisch. Vielleicht sollte ich dem Loch einen Namen geben, damit es nur halb so bedrohlich klingt? Nennen wir es doch Fernando. Keine Ahnung, frag nicht. Sorry an alle, die Fernando heißen.

WIE ESSEN ZU MEINER HASSLIEBE WURDE

Ich glaube, so einen kleinen Fernando hat jeder von uns irgendwo in sich. Meiner begann schon recht früh zu wachsen. Ich glaube, dass da mein Fernsehkonsum einiges dazu beigetragen hat. War aber bestimmt nicht der einzige Grund. Natürlich war Fernando ein Gast, den ich loswerden wollte, weshalb ich versuchte, ihn auf diverse Arten zu stopfen. So entwickelte ich mein erstes toxisches Konsumverhältnis, und zwar zum Essen. Und ja, ich schreibe absichtlich Verhältnis. Essen gab mir zumindest kurzfristig ein wunderbares Gefühl. Essen tröstete mich, wenn es mir schlecht ging, Essen verstand mich.

In der Schule fing die Spirale an. Ich wurde wegen meines Übergewichts gehänselt. Standard, oder? – Leider. Ist jetzt nicht so, als wäre meine gesamte Schulzeit der absolute Horror gewesen. Ich hatte insgesamt eine sehr schöne Jugend. Aber wie du bestimmt weißt, reichen oft schon kleine Sticheleien oder Anmerkungen, um das Selbstwertgefühl eines Menschen nachhaltig zu zerstören. Fernando wurde größer.

Mit zwölf Jahren hatte ich meine erste Diät hinter mir, bei der ich zehn Kilo abgenommen hatte. Natürlich nicht auf die gesunde Art und Weise, langsam mit einer gesunden Ernährungsumstellung, sondern ich begann, Kalorien zu zählen. Mit elf! Kein Wunder, dass mich die folgenden zehn Jahre meines Lebens der Jo-Jo-Effekt verfolgte. Jedes Jahr nahm ich bis zu fünfzehn Kilo zu und wieder ab. Meine gesamte Jugend lang. Mal aß ich Monate lang fast nichts und ging täglich zum Sport, bis ich untergewichtig war, und dann hatte ich wieder monatelang ständige unkontrollierbare Fressattacken, bei denen ich alles in mich hineinschaufelte, was mir schmeckte. Sport hieß bei mir, mich ins Fitnessstudio zu quälen, ohne dabei auch nur den geringsten Spaß zu haben.

Ich lebte für die Zahl auf der Waage. An manchen Tagen wog ich mich dreimal! Ich hasste Essen, und ich liebte Essen. Um ehrlich zu sein, wollte ich einfach nur dünn sein. Wer dünn war, bekam laut meiner Annahme nämlich mehr Liebe und hatte generell im Leben gewonnen. Keine Ahnung, ob du das jetzt dumm findest oder dich sogar in meinen Worten wiederfindest. Ich hatte wirklich Tage, an denen ich gern magersüchtig gewesen wäre. Ich versuchte sogar, eine Bulimie zu entwickeln. Zum Glück schaffte ich es nicht. Mal war ich also untergewichtig, mal übergewichtig. Obwohl ich fünf Jahre lang Ernährungslehre in der Schule hatte, waren Lebensmittel für mich immer entweder Kalorienzahlen oder Seelentröster. Ob das, was ich meinem Körper als Treibstoff gab, gesund für ihn war oder nicht, war für mich letztlich Nebensache.

Das schockiert dich jetzt vielleicht, aber sogar das würde ich immer noch als relativ durchschnittlich einstufen. Dieses Verhalten habe ich schon bei vielen Leuten beobachtet. Ich kenne nur ganz wenige Menschen mit einem wirklich gesunden Essverhalten. Kein Wunder, wo die meisten Lebensmittel, die in Läden angeboten werden, gar keine sind und nur die wenigsten einen Plan haben, was für ihren Körper gut ist.

Wenn ich von einem gestörten Essverhalten spreche, meine ich nicht zwingend Anorexie, Bulimie oder Adipositas. Vielen Menschen sieht man ihre Essstörung gar nicht unbedingt am Körpergewicht an. Essstörungen finden im Kopf statt. Gerade das war auch das Schlimme daran, man sah mir nicht wirklich an, dass ich ein Problem hatte, und deshalb nahm weder ich noch andere es als solches wahr. Ich wurde sogar von allen Seiten gelobt und bestärkt, wenn ich wieder einige Kilos verloren hatte. »Hast du abgenommen? Du siehst toll aus!« – das war Musik in meinen Ohren. Dass ich dafür aber tagelang nur 200 Kalorien am Tag zu mir nahm und bestimmt den Nährstoffmangel des Jahrtausends hatte, hat keiner hinterfragt. Auch ich nicht.

Ich redete mir immer ein, dass ich erst dann glücklich sein werde, wenn ich dünn bin. Aber egal, welche Figur ich hatte oder wie viel die Waage anzeigte – glücklich oder zufrieden war ich nicht. Und Fernando war immer an meiner Seite. Ich habe mir letztens Bilder von mir mit meinem niedrigsten Gewicht angesehen und war wirklich schockiert. Zu dieser Zeit hatte ich mich aber sogar noch zu dick gefühlt.

Die Gipfel meiner Essstörung

Um dir das ganze Ausmaß bewusst zu machen, erzähle ich dir vier Dinge, die ich noch nie irgendwo erwähnt habe, weil sie mir schlicht und einfach zu peinlich gewesen sind. Ich erzähle dir das nicht nur, um dich zu bespaßen, sondern um dir zu zeigen, dass auch ich es geschafft habe, aus einem solch krankhaften Verhalten herauszufinden.

Heimliches Garagennaschen
Früher hatte unser Haus in der Küche direkt neben dem Kühlschrank eine Tür, die in die Garage führte. Weil meine Eltern natürlich schon mitbekommen hatten, dass ich gern eine Milchschnitte zu viel gegessen hatte, begann ich aus Scham, Süßigkeiten heimlich in der Garage zu essen. Ohne Scheiß. Ich weiß nicht, ob ich das traurig oder lustig finden soll.

Wenn Buchteln deine Romanze versauen
Nach der Schule ging ich immer in die Nachmittagsbetreuung, wo auch viele andere Kinder meiner Klasse waren. An einem Tag gab es meine damalige Lieblingsspeise, Buchteln mit Vanillesoße, und ich aß so viel davon, dass der Knopf meiner Hose unter dem Tisch platzte und mit vollem Karacho gegen das Bein meines Schwarms fetzte. Ich musste den gesamten Nachmittag Kleidung aus der Theaterkiste tragen. Das war mir so unglaublich peinlich, dass es sich bis heute in mein Gehirn gebrannt hat.

Das etwas andere Weihnachtsdinner
Als wir an Weihnachten Raclette zu essen hatten – du weißt schon, wo man so viel selbst auf die eine heiße Platte legen und essen kann, wie man möchte –, schaufelte ich so viel in mich hinein, dass ich mich anschließend in den Nacken meines Cousins übergeben musste. Diese Geschichte ist jedes Jahr wieder der absolute Brüller für die ganze Familie.

Kalorientabelle unterm Kopfkissen
In der Zeit, in der ich laut BMI untergewichtig war, nahm ich täglich manchmal nur 200 Kalorien zu mir. An manchen Tagen aß ich nur einen Schokopudding, der hatte 120. Ich wusste von fast jedem Lebensmittel auswendig, wie viele Kalorien es hatte. Ich hatte sogar eine Liste mit den kalorienärmsten Lebensmitteln unter meinem Kopfkissen. Ich weiß noch, dass ich deshalb früher ständig Senfgurken aß, obwohl ich die nicht mal mochte.

DIE ENTDECKUNG MEINER LEIDENSCHAFT

Mit ungefähr siebzehn Jahren entdeckte ich eine Plattform für mich, die mein Leben verändern sollte: YouTube. Damals war diese Seite noch nicht so bekannt, und nur wenige deutschsprachige Leute luden dort Videos hoch, in denen sie unter anderem über ihr Leben berichteten. Ich war von Sekunde eins fasziniert von der Idee, mich dort kreativ ausleben zu können. Erst blieb ich aber einige Jahre nur stiller Zuseher.

Die Plattform nahm immer mehr Gestalt an, und die Menschen dort gliederten sich in verschiedene Sparten ein. Gaming, Comedy, Kochen, Beauty und so weiter. Ich persönlich war einfach nur fasziniert von dem Mut und der Leidenschaft, die man den Leuten ansehen konnte. So viel Arbeit, die sie in ihre Zehn-Minuten-Werke steckten. Auch ich drehte mit meinem Camcorder einiges und bemerkte, wie viel Spaß es mir machte, kreativ zu sein. Ich lud aber lange nichts davon hoch.

Nach der Schule bewarb ich mich für ein Studium, in dem ich alles lernen würde, um selbst gute Videos produzieren zu können. Ob jetzt für YouTube oder für Firmen war mir egal. Hauptsache etwas mit Medien und Kreativsein. Leider wurde ich nicht direkt in Medientechnik und Design-Studium aufgenommen. Da der Drang aber doch schon recht groß war, machte ich jede Arbeit, die mir gegeben wurde, um mir mein erstes eigenes Equipment kaufen zu können. Ich schraubte sogar einen Sommer lang Motoren am Fließband zusammen, verkaufte zehn Stunden am Tag Erdbeeren am Straßenrand oder kellnerte.

So kam es, dass ich mich irgendwann endlich traute, mich auf meiner geliebten Plattform anzumelden und mein erstes Video zu machen. Worum genau es auf meinem Kanal gehen sollte, wusste ich zu der Zeit noch nicht. Damals konnte man mit YouTube-Videos noch kein Geld verdienen, und ich wusste auch nicht, dass es überhaupt eine Option wäre, dieses Hobby mal zu meinem Beruf zu machen. Ich wollte einfach nur Spaß haben und lernen, wie man Filme dreht und schneidet und vor der Kamera spricht. Da ich schon immer der Klassenclown mit der viel zu großen Klappe war, entschied ich mich zu versuchen, lustig zu sein. Klappte gar nicht schlecht. Klar waren meine ersten Versuche eher peinlich als lustig, aber ich war so stolz auf mich, dass mir zum ersten Mal in meinem Leben egal war, ob das jemand anders toll findet. Auch wenn im Endeffekt ein Jahr lang fast niemand zusah, produzierte ich jede Woche ohne Ausnahme mindestens zwei Videos.

Irgendwann aber schoss meine Zuschauerzahl rasant in die Höhe und verselbstständigte sich. Beim zweiten Versuch, also ein Jahr später, klappte dann auch die Aufnahme beim Studium. Nebenbei bewarb ich mich bei einem Contest für Newcomer-YouTuber, den ich anschließend sogar live im Fernsehen gewann. Mittlerweile schaltete man vor den Videos schon Werbungen und verdiente auch Geld über sogenannte AdSense-Einnahmen. Das heißt, man bekommt für jede geschaute Werbung vor einem YouTube-Video einen kleinen Betrag, der monatlich ausgezahlt wurde. Damals nicht der Rede wert.

Mit dem Gewinn des Contests wurde ich automatisch auch von einem großen deutschen Fernsehsender unter Vertag genommen. Das kann man sich so vorstellen, wie ein Plattenlabel für Musiker oder eine Modelagentur für Models. So heißt es halt Netzwerk für YouTuber. Mit zwanzig Jahren hatte ich dann also plötzlich eine persönliche Managerin an meiner Seite, die sozusagen meine Ansprechpartnerin für Aufträge und Veranstaltungen war. Für mich war das damals alles sehr aufregend und neu. Ich hatte keine Ahnung vom Leben und fühlte mich noch wie ein Kind.

Durch das Netzwerk bekam ich außerdem meinen ersten Auftrag von einer Firma, wo ich an einem Livestream teilnehmen sollte, in dem Brettspiele gespielt wurden. Die Brettspiele waren dann von der besagten Firma, die mich bezahlte. Als ich den Betrag hörte, den mir diese Firma dafür zahlen wollte, schlug meine Kinnlade auf den Boden. Ich hau's jetzt einfach mal raus: 500 Euro dafür, dass ich zwei Stunden Brettspiele spielte. Ich dachte, dass mich da jemand gewaltig verarschen will. Ich freute mich auf jeden Fall sehr und nahm natürlich teil.

Den Spaß an meiner Arbeit konnte man mir ansehen, und so zog ich wie von selbst immer mehr Menschen an, die meine Videos regelmäßig schauen wollten. Nach kürzester Zeit war ich plötzlich eine von den bekanntesten und erfolgreichsten zehn YouTubern Österreichs.

Da mein Studium sehr viel Zeit beanspruchte, musste ich mich letztlich zwischen Studieren und YouTubersein entscheiden. Du kannst dir vorstellen, wie begeistert meine Eltern waren, als ich ihnen meine Entscheidung mitteilte. Ja, ich war schon immer ein Mensch, der gern was riskiert. Studieren kann ich auch noch, wenn ich alt bin. Mir persönlich fiel es nicht schwer, mich zu entscheiden, und auch hier war mir wieder egal, ob andere mich für komplett wahnsinnig halten würden. Ich dachte einfach, diese Chance bekäme ich nie wieder.

Bis heute bereue ich diese Entscheidung nicht. Da meine Eltern aber keine Ahnung davon hatten, was ich da eigentlich machte, hatten sie natürlich große Angst um meine Zukunft. Deshalb begann ich ein etwas lockereres Studium nebenbei, aber eher als Alibi. Filmproduktion in Wien. Oh, was für ein Zufall, dass so gut wie alle meine Aufträge in Wien stattfanden und dort auch der Flughafen ist. Sarkasmus Ende. Ich konnte mein Hobby meine Arbeit nennen. Auch wenn ich das selbst damals nicht wirklich realisierte.

»MAMA, ICH BIN REICH UND BERÜHMT!« – ODER SO

Mit meinem Umzug von der Kleinstadt in die Hauptstadt Österreichs begann ein neues Kapitel in meinem Leben. Möglicherweise mache ich mich damit ein bisschen unbeliebt bei dir, aber das nehme ich in Kauf. Haha, KAUF, wie passend.

Plötzlich lebte ich den Teenietraum meiner Generation. Ich besuchte Awards, auf denen mir Preise übergeben wurden und ging auf Veranstaltungen gemeinsam mit den bekanntesten YouTubern der deutschsprachigen Szene. Meine Formate schlugen ein wie eine Bombe. Ich war sehr stolz auf mich und meine Arbeit. Ich konnte gar nicht mehr realisieren, wie viele Leute mir zusahen. Mehrere Hunderttausend Leute hatten meinen Kanal abonniert. Wenn mir eine Million Klicks auf ein Video angezeigt wurden, war das für mich nur eine ziemlich große Zahl. Die Menschen dahinter konnte ich mir nur sehr schwer vorstellen.

Schließlich machte ich mich selbstständig. Und mit seiner Arbeit will man schließlich ja auch erfolgreich sein. Deshalb überlegte ich mir gemeinsam mit meiner Managerin und dem Netzwerk Strategien, um mehr Zuseher anzulocken oder mehr Interaktion auf meinen Videos zu generieren. Natürlich war das für das Netzwerk nicht ganz uneigennützig, immerhin erhielten sie ja einen riesigen Anteil meiner Einnahmen. Also erstellte ich Titel und Titelbilder, die möglichst viele dazu bringen sollten, das Video anzuklicken. Ich richtete meinen Content danach, was gerade im Trend war, denn so konnte man wachsen und auch mehr Geld verdienen. Und das ist es ja, was wir alle mit unserer Arbeit erreichen wollen, viel Geld verdienen, oder?

Noch dazu kam natürlich der heutzutage so wichtige Fame. Viele Abonnenten zu haben ist uns in der heutigen Zeit sehr wichtig. Also auch mir, dachte ich. Diese Zahl gab mir kurzfristig das, wonach ich mich wieder mal unwissentlich sehnte: Anerkennung. Deshalb wurde sie mir auch immer wichtiger. Mehrmals täglich checkte ich den aktuellen Stand auf Socialblade. Das ist eine Plattform, die dir die aktuellsten Zahlen deiner oder anderer Kanäle aufzeigt. Manchmal starrte ich sogar minutenlang auf den Bildschirm, um der Zahl beim Wachsen zuzusehen. Oft verglich ich meine Zahl mit der von anderen – und die nächste Sucht wurde damit geboren. Moment mal, das mit der Zahl kommt mir doch irgendwoher bekannt vor?

Ihr könnt euch noch an Fernando erinnern? Er war eine Zeit lang so klein geworden, dass ich ihn kaum bemerkte, beziehungsweise hatte ich gar keine Zeit, ihn zu bemerken. Aber plötzlich kam er wieder – und zwar größer als je zuvor. Ich begann, mich mit anderen Menschen auf YouTube und mittlerweile auch auf Instagram zu vergleichen. Wieder waren andere Menschen schöner, besser, erfolgreicher und reicher als ich. Dieses Mal versuchte ich, Fernando nicht nur mit Essen oder dem Wachstum meiner Follower-Zahl zum Schweigen zu bringen, sondern auch mit Shopping.

Durch mittlerweile schon sehr große Werbeaufträge einiger sehr bekannter Firmen, die ich übrigens heute für keinen Preis der Welt mehr bewerben würde, hatte ich das nötige Kleingeld, um mir alles zu erfüllen, womit ich dachte, Fernando zu beruhigen. Ich dachte immer, wenn ich das oder jenes besitzen würde oder erreicht hätte, wäre ich endlich glücklich.

**Ich war nie im Moment glücklich,
sondern hatte immer nur danach gestrebt,
es irgendwann mal zu werden.**

MEINE ZEIT DES ÜBERFLUSSES

Ich verdiente schlagartig in einem jungen Alter eine Summe an Geld, mit der ich überhaupt nicht umgehen konnte. Ich flog quer um die Welt, um Videos zu drehen oder Meetings zu halten, die eigentlich mit einem Telefonat erledigt gewesen wären. Manchmal flog ich einfach für Tagesmeetings von Wien nach Berlin und am selben Tag zurück. Ich nutzte Taxen und Uber, wie andere die Öffis nutzen und bestellte täglich bis zu dreimal Essen.

Außerdem zog ich mit meiner besten Freundin in eine größere Wohnung nahe der größten Einkaufsstraße in Wien. Wie praktisch, oder? Ich erwähnte schon, dass ich mit dem Geld mit meinen 21 Jahren überhaupt nicht umgehen konnte, oder? Mein Papa hatte mich zum Glück auf die wichtigsten Dinge für die Selbstständigkeit vorbereitet. »Leg die Hälfte deines Geldes zur Seite, denn das wirst du später als Steuern ans Finanzamt abgeben müssen«, sagte er mir immer. Danke Papa, ohne dich hätte ich jetzt vielleicht Schulden. Die Hälfte legte ich also immer brav zur Seite, aber ansonsten wurde ich absolut größenwahninnig.

Ich kaufte ohne zu überlegen einfach alles, was ich immer schon haben wollte. Ich hatte überhaupt kein Gefühl mehr für den Wert mancher Dinge. So bestellte ich fast die gesamte Einrichtung meiner Wohnung auf einen Mausklick online und ließ sie auch aufbauen. Du kannst dir in etwa vorstellen, was das kostete? Nein? Ich auch nicht mehr. Tonnenweise neue Kleidung, die ich online bestellte oder mir in exzessiven Shopping-Nachmittagen gönnte, füllten meinen riesigen Kleiderschrank. Oft bestellte ich mir Dinge online auch einfach nur aus Langeweile, oder um mir ein Glücksgefühl zu verschaffen. Viele dieser Sachen verwendete ich im Endeffekt nie.

Ich kann mich noch an eine Situation mit meiner damals besten Freundin erinnern, wie ich googelte, was eine Mikrowelle kostete und ich einfach nur eine bestellte, weil ich dachte, dass 100 Euro ja fast geschenkt wären.

Das kann ich alles noch toppen. Ich bestellte mir doch tatsächlich einen Sitzsack, der größer war als ich. Um die 500 Euro war das ja fast ein absolutes Schnäppchen! In der Wohnung war zwar nirgendwo wirklich Platz für dieses Ding, aber ich wollte es nun mal unbedingt haben.

Nicht nur, dass ich gut verdiente und ich allen möglichen Kram davon kaufte – nein ... Firmen schickten mir auch noch bergeweise Stuff gratis zu, in der Hoffnung, dass ich das alles auf meinen Kanälen zeigen würde. Kosmetik, Schminke, Kleidung, Essen, Perücken, Deko und so vieles mehr. Die Wohnung wurde immer voller.

Du denkst dir beim Lesen bestimmt gerade, dass das doch richtig geil sei. Wer will bitte nicht alles Mögliche gratis zugeschickt bekommen? Dachte ich früher auch. Einerseits bekam ich echt brauchbare Sachen, andererseits bestellte ich tatsächlich einen unbrauchbaren Haufen an billiger nicht fair produzierter China-Kleidung, um ihn dann in Form von Video-Hauls Hunderttausenden Menschen zu präsentieren und sie anzuheizen, dort auch zu bestellen. Menschen machen Fehler.
Nicht nur Produkte wurden mir hinterhergeschmissen, sondern auch Reisen, Eventtickets und gratis Verköstigung auf Influencer Partys. Ja ich weiß, klingt alles richtig geil. Fühlte sich auch für mich damals so an. Ich verrate dir gleich, was daran bitte jetzt negativ sein soll.

Ich selbst hatte natürlich auch bei jeder Gelegenheit die Spendierhosen an. So versuchte ich, Menschen in meinem Leben zu halten. Obwohl ich natürlich wusste, dass man sich Freundschaft nicht kaufen kann, versuchte ich es unterbewusst trotzdem immer wieder.

Alles veränderte sich so schnell, alles wuchs so schnell, und alles passierte so schnell. Das Leben zog an mir vorbei. Ich hatte nicht mal Zeit, mir Gedanken darüber zu machen, ob ich das denn eigentlich auch alles so wollte. Ich war viel zu sehr damit beschäftigt, nach noch mehr zu streben. Manchmal hatte ich das Gefühl, mir von außen zuzusehen und nicht in der Situation anwesend zu sein. Ständig dachte ich, dass mir irgendwas im

Leben fehlen würde. Ich wusste nur nicht was. Mehr Geld? Eine größere Wohnung? Mehr Zuschauer? Schöner aussehen? Das ist doch genau das, was so viele Menschen anstreben. Schön, reich und berühmt – wenn man das alles ist, ist man endlich glücklich. Warum fühlte ich mich dann nicht so?

Auch die Beziehung zu meinem Körper veränderte sich nicht wirklich. Mittlerweile nahm ich meine Follower sogar schon in Form einer Abnehm-Challenge mit beim ungesunden Gewicht verlieren. Der Druck, der schon in meiner Jugend auf mir lastete »schön« aussehen zu wollen, wurde durch meine Präsenz in den sozialen Medien nicht unbedingt besser. Ich schminkte mich so, wie ich das in Tutorials auf YouTube gesehen hatte, trug täglich Clips in Extensions, glättete meine Haare und probierte so Dinge aus, wie mir falsche Wimpern aufzukleben und lange Gelnägel machen zu lassen. Ich hatte zwar überhaupt keinen Spaß daran, aber ich erhoffte mir dadurch, bei meiner Außenwelt besser anzukommen. Wer schön ist, bekommt mehr Aufmerksamkeit, und die dachte ich auch haben zu wollen. Dass das aber die falsche Art von Aufmerksamkeit war, bemerkte ich zu der Zeit noch nicht.

Da das in den Kreisen, in denen ich mich bewegte, jeder so machte, machte ich auch recht exzessiv Party. Manchmal ging ich mehrmals die Woche feiern und trank oft so viel Alkohol, dass ich teilweise nichts mehr von den Nächten wusste. Doch Fernando hielt einfach nicht die Klappe. Im Gegenteil. Viel Geld, viel Besitz, dem Schönheitsideal entsprechen, Saufen, Kaufen, Fressen – nichts davon befriedigte das Loch in mir. Die Parallelen meiner falschen Verhaltensweisen von früher konnte ich leider erst viel später erkennen.

BURN-OUT UND WICHTIGE ERKENNTNISSE

> »I wish everyone could become rich and famous,
> so they could realize, it's not the answer.«
> *Jim Carrey*

Nun saß ich also da, in dieser Wohnung, in der sich alles befand, was ich dachte, haben und erreichen zu wollen. Viele Aufträge, ein prall gefülltes Konto, eine riesige Wohnung, in der ich mittlerweile allein wohnte, alle Dinge, die man sich vorstellen konnte, Social-Media-Kanäle mit knapp einer halben Millionen Zuschauer und große Firmen, die langfristig mit mir arbeiten wollten. Ich führte ein Leben, für das andere wohl morden würden, aber ich fühlte mich leer. Wie eine ausgelutschte Hülle.

Ich konnte es mir damals einfach beim besten Willen nicht erklären. Ich hatte doch alles, was ich dachte erreichen zu wollen, und trotzdem ging es mir richtig beschissen, was ich aber niemandem erzählte. Wie würdest du reagieren, wenn jemand, der doch augenscheinlich so vieles erreicht hat, meint, er hätte möglicherweise eine Depression oder einen Burn-out? Ich hatte davon schon öfter was gehört, aber dass ich so was hatte, konnte ich mir einfach nicht vorstellen. Mir wurde doch immer gesagt, dass meine Arbeit keine »richtige« Arbeit sei. Wie könnte ich davon also einen Burn-out bekommen? Glaubt mir doch eh keiner, dachte ich.

Plötzlich fiel es mir schwer, morgens das Bett zu verlassen, und weil ich ja selbstständig war und somit keinen unmittelbaren Boss hatte, blieb ich also einfach liegen. Wochenlang verließ ich meine Wohnung nicht, weinte, ohne zu wissen, warum ich überhaupt weinte und fühlte mich einfach nur idiotisch dabei. Der Druck wurde immer größer. Lustige Videos produzieren sich nicht so einfach, wenn man Depressionen hat. Ich hatte zu viel Angst vor der Wahrheit und setzte ein Gesicht auf, was nicht meines war. Ich denke, dass viele mir das angemerkt haben.

Auch das Management machte mir unglaublichen Druck, größer und besser zu werden und mehr Kooperationen anzunehmen, obwohl ich mich einfach nur vergraben wollte. Ich muss sie aber an dieser Stelle echt in Schutz nehmen, meine damalige Managerin hatte keinen Plan, wie es in mir aussah und machte nur ihre Arbeit. Man war wirklich sehr bemüht, mir zu helfen, doch natürlich, wie in fast jedem Business, stand der Profit im Vordergrund. Ich selbst war ebenso von mir enttäuscht. Mit nichts, was ich produzierte, war ich mehr zufrieden. Meine Videos hatten zwar sehr viele Aufrufe, aber stolz war ich darauf nicht mehr wirklich.

Fernando war zu einem riesigen schwarzen Loch geworden, in dem ich dachte zu ertrinken. Um mich aufzumuntern, konsumierte ich natürlich noch mehr und versank schließlich in einem Teufelskreis. Irgendwie wurde es immer schwieriger, mir eine Freude zu machen. Zusendungen von Firmen empfand ich mittlerweile nur noch als lästig. Auch bei Treffen mit Zusehern fehlte mir jegliche Wertschätzung für Geschenke, in denen so viel Liebe steckte.

Ich erinnere mich noch an ein Video, in dem ich Fan-Geschenke auspackte und meinen Emotionen freien Lauf ließ. Zu meiner Verwunderung kam dieses Video gar nicht gut an. Ich wünschte, ich hätte es nicht gelöscht. Dann könnte ich mir mein Verhalten noch einmal ansehen. Nicht, um mich zu verurteilen, sondern um mich daran zu erinnern, wie es mir in diesem Moment ging. Auch für Gratisreisen konnte man mich nicht mehr begeistern. Ich wollte eigentlich nur im Bett bleiben und in Ruhe gelassen werden. Das klingt so unglaublich unsympathisch. Ich hätte so gern, dass jeder dieses Gefühl spüren könnte. Das zu spüren war für mich nämlich essenziell, um die wichtigste Erkenntnis meines bisherigen Lebens zu bekommen:

Man kann mit viel Geld unglücklich sein und mit wenig glücklich. Geld ist nicht DIE Antwort auf alle Probleme. Glück baut man von innen auf und nicht von außen.

Versteh mich bitte nicht falsch. Ich will Geld hier überhaupt nicht schlecht reden oder gar verteufeln. Geld kann einem das Leben sehr wohl um einiges erleichtern und Optionen schaffen. Geld kann auch kurzfristig glücklich machen. Das ist es aber ja eben, kurzfristig. Das lang anhaltende Glück muss man sich selbst erschaffen. Nicht von außen. Aber dazu komm ich später noch mal.

EINMAL LEBEN ÜBERDENKEN, BITTE!

> »We all have two lives.
> The second one starts when we realize,
> we only have one.«
> *Tom Hiddleston*

In diesem Moment wäre eigentlich ein guter Zeitpunkt gewesen, mir Hilfe von außen zu holen. Da ich aber schon immer recht sturköpfig war, beschloss ich, meine Probleme selbst anzupacken. So konnte es nicht weitergehen! Das war mir klar. Ich will mich hier ganz besonders bei meiner guten Freundin Celina bedanken, die in dieser Zeit immer für mich da war und mich auch aushielt, wenn ich mich komplett idiotisch verhielt. Jeder Mensch, der während solch einem Prozess an deiner Seite bleibt, ist absolut »Gold wert«. Da frage ich mich in dem Zusammenhang schon fast, ob ich diese Redewendung überhaupt verwenden möchte.

**Heilung hat halt nichts damit zu tun,
sich im Blumenfeld zu wälzen
und positive Energie auszustrahlen.**

Ab jetzt begann eine sehr aufregende Zeit für mich. Ich hatte beschlossen, etwas zu verändern und fragte mich, was genau ich eigentlich vom Leben möchte. Dass mir einige sehr aufregende und lehrreiche Jahre bevorstehen würden, wusste ich da noch nicht. Da ich tatsächlich doch recht vieles auf einmal veränderte, also sozusagen mein komplettes Leben hinterfragte und neu startete, wäre es ein absolutes Durcheinander, wenn ich dir das genau so wiedergeben würde, wie es passiert war.

Veränderung bedeutet erst mal Chaos.

Als ich darüber nachdachte, wie ich dir dieses Chaos wohl erklären könnte, ist mir etwas aufgefallen. Jede einzelne meiner erreichten Veränderungen, ob groß oder klein, ob absichtlich oder per Zufall, hatte tatsächlich den gleichen Weg. Diesen Weg ging ich zwar absolut nicht immer in der gleichen Reihenfolge, aber ich sortiere das jetzt hier mal so, wie es für dich nachvollziehbar wird.

Der Weg meiner Veränderungen

1. Erkennen, dass ich etwas verändern möchte
2. Nach der Ursache forschen
3. Mich informieren
4. Dinge loslassen, die meiner Veränderung im Wege stehen
5. Nach Gleichgesinnten suchen
6. Mir selbst und anderen vergeben
7. Mich von Scham und Verurteilung trennen
8. Ausprobieren, Fehler machen und daran wachsen
9. Mich über kleine oder große Erfolge freuen
10. Ankommen

Wo liegt denn meine Ursache?

Da ich also den ersten Schritt der Besserung, die Erkenntnis, schon hinter mir hatte, begann die Phase der Ursachenforschung für mich. Wie schon gesagt, zu diesem Zeitpunkt hatte ich absolut keinen Plan, was ich eigentlich machte. Meine erste und auch größte Erkenntnis, die ich hatte, war, dass ich mein Leben immer schon unbewusst danach richtete, anderen zu gefallen. Ich sah so aus, wie ich aussah, weil ich mir erhoffte, dass mich die Menschen dann mehr mögen würden. Ich drehte die Videos, die die Masse feierte. Meine Lebensziele waren die, von denen ich immer gehört hatte, dass sie erstrebenswert wären. Eigentlich hatte ich nie wirklich darüber nachgedacht, was ich selbst will, ganz unabhängig von der Meinung anderer.

Ich hatte mir über die Jahre also ein Leben aufgebaut, das nicht wirklich meins war. Mittlerweile habe ich so viele Bücher über die menschliche Psyche gelesen und mich mit mir und meinen Verhaltensweisen und meiner Vergangenheit auseinandergesetzt, dass ich dir mein Problem von damals heute ganz genau erklären kann.

Die Kurzfassung: Ich wollte geliebt werden!

Wow, und für diese Erkenntnis habe ich unzählige Selbsthilfebücher gebraucht. Ich weiß, in diesem Buch geht es um bewussten Konsum, und du denkst dir vielleicht, wo jetzt die Geschichten bleiben, wie ich aufgehört habe einzukaufen. Dazu komme ich später noch. Konsum hat aber viel mehr mit unserer Psyche zu tun, als wir vielleicht auf den ersten Blick erkennen. Wer sein Konsumverhalten nachhaltig und anhaltend verändern möchte, muss ganz tief in seiner Vergangenheit graben. Genau das habe ich getan.

Achtung, jetzt wird's sehr privat. Kleiner Disclaimer vorab: Ich liebe meine Eltern abgöttisch. Sie hatten so viel Zeit und Liebe in meine Erziehung gesteckt, wie sie nur konnten. Sie hatten mich in allen Lebenslagen unterstützt, Verständnis gezeigt und mir alle Freiheiten gegeben, die ich brauchte, um mich auszuleben. Ich bin meinen Eltern unendlich dankbar für alles.

So gut wie jedes psychische Problem hat seinen Ursprung in der Kindheit und in der Beziehung zu den Eltern. Nicht umsonst wird dich jeder Therapeut in den ersten Sitzungen nach der Beziehung zu ihnen fragen. Dazu müssen Eltern gar nichts Schlimmes verbrochen oder gravierende Fehler gemacht haben. Ich bin sogar der Meinung, dass jeder Mensch, der erwachsen wird, erst mal seine Kindheit verarbeiten sollte. Irgendwas gibt es da bei jedem. Dazu kommt, dass jeder Mensch verschieden ist und Dinge anders wahrnimmt. Mein Bruder wuchs ja sehr ähnlich auf wie ich und hatte trotzdem nicht dieselben Probleme.

Es geht nicht darum, jemandem für etwas die Schuld zu geben oder zu verurteilen, sondern die falschen Glaubenssätze zu finden, die dich dein Leben lang schon begleiten und an ihnen zu arbeiten.

Es tut zudem gut zu erkennen, dass Eltern auch nur Menschen sind, die ebenso eine Vergangenheit haben, die sie geprägt hat. Ich möchte dir zu dem Thema unbedingt die Bücher von Stefanie Stahl (→ siehe Seite 204) ans Herz legen. Die sind der Hammer.

Ich habe dir ja vorhin schon von meiner Kindheit erzählt. Meine Eltern sind beide selbstständig berufstätig und sehr fleißig, deshalb waren sie auch oft in der Arbeit. Das ist bei vielen Familien so. Auf jeden Fall hätte ich um einiges mehr Zeit mit meinen Eltern gebraucht, als ihr Berufsleben hergeben wollte. Ich war doch recht oft allein zu Hause. Ich will hier nicht den Anschein erwecken, als wäre meine Kindheit nicht schön oder gar traurig gewesen, denn so war sie wirklich nicht. Im Gegenteil. Dass ich oft allein war, hatte natürlich auch seine Vorteile. Ich wäre sonst wahrscheinlich nicht so selbstständig, wie ich jetzt bin oder hätte möglicherweise nicht den Beruf, den ich heute ausübe. Ich will also gar nicht sagen, dass meine Eltern etwas hätten anders machen sollen. Es geht wie gesagt nur darum, zu erkennen, wo der Ursprung sitzt.

WARUM WIR UNS IMMER UNVOLLSTÄNDIGER FÜHLEN

Ein gesunder Geist braucht nichts außer sich selbst und die Zuneigung und Liebe von Mitmenschen. Ein gesunder Körper braucht lediglich die Deckung seiner Grundbedürfnisse. Für die Wirtschaft wäre es also recht fatal, wenn wir uns alle ganz und komplett fühlen würden und glücklich und gesund wären. Dann würde ja niemand mehr etwas kaufen.

Werbung wird logischerweise so konzipiert, dass sie uns das Gefühl vermittelt, etwas unbedingt zu brauchen. Ist aber rational gesehen doch eher selten der Fall. Da es immer schwieriger wird, nicht täglich mit Werbung überhäuft zu werden, erzeugt dies in uns das Gefühl, dauerhaft unvollständig zu sein, und somit konsumieren wir immer mehr, um dieses Gefühl aufzuheben. Gibt es irgendwo ein Problem, kann man eine Lösung dafür verkaufen. Gibt es kein Problem, muss man eben eines erfinden. Ein gutes Beispiel ist da die Mundspülung. Bevor es sie gab, hat sie niemand gebraucht. Heute ist sie aus den meisten Badezimmern nicht mehr wegzudenken. So habe ich bei vielen Dingen, die ich heute nicht mehr kaufe, früher gedacht, ohne sie gar nicht leben zu können, nur weil ich es nie hinterfragt habe.

Auch wird uns oft unterbewusst in Werbungen vermittelt, dass die Liebe und Zuneigung anderer kaufbar wäre. Wer hübsch aussieht und viel besitzt, wird mehr gemocht. So zumindest in der Theorie. Ob diese Art von Zuneigung aber dann wirklich so erstrebenswert ist, ist eine andere Sache.

Nicht nur mit einem kranken Geist lässt sich mehr Zaster machen, sondern auch mit einem kranken Körper. Hat man Kopfschmerzen, nimmt man bekannte Brause zu sich. Wo dieser Schmerz aber eigentlich herkommt, wird immer seltener hinterfragt. Versteh mich nicht falsch, es ist wirklich toll, dass es Medikamente gibt und dass man viele Krankheiten schon heilen kann. Viele dieser Krankheiten müssten aber gar nicht erst entstehen, würde mehr Aufklärung für die Vorbeugung von Krankheiten gemacht werden als Werbung für die Nachbehandlung. Auch ein Körper, der süchtig ist, braucht im Endeffekt mehr. Beispiele hierfür sind Zucker, Kaffee, Alkohol, Zigaretten und vieles mehr. Das heißt, je kränker du körperlich und seelisch bist, desto mehr brauchst du und desto mehr konsumierst du.

Also ganz einfache Gleichung:

> **Du willst weniger konsumieren?**
> **Heile deine Seele und deinen Körper,**
> **und stoppe Einflüsse, die dich krank machen.**

Wenn das nur so einfach wäre. Wenn ich davon spreche, dass man uns durch Werbung manipulieren möchte, ist es natürlich nicht immer so, dass da jemand in seinem Kämmerchen sitzt und uns was Böses will und sich ins Fäustchen lacht, weil wir so dumm sind. Das ist einfach das, was unser kapitalistisches System, gepaart mit unserer unendlichen Gier nach mehr, aus uns gemacht hat. Wenn jeder ganz viel Geld und Besitz möchte, muss natürlich mehr gekauft und verkauft werden. Was wiederum bedeutet, dass Werbung immer wichtiger wird. Obwohl? Bei manchen großen Firmen kann ich mir das mit dem Ins-Fäustchen-Lachen wegen unserer Dummheit sogar ganz gut vorstellen.

Weniger Geld braucht nur, wer die Freude im »Weniger« erkennt, und das entspricht leider nicht den Grundsätzen, mit denen wir aufwachsen. Wir manipulieren uns sozusagen also eigentlich selbst. Generell möchte ich beim Thema Werbung nicht nur in Schwarz und Weiß denken. Nicht jede Werbung ist schlecht und macht uns krank. Es gibt auch Werbung für gute Dinge, man muss eben nur differenzieren können. Werbung kann bewusst konsumiert werden, indem man sie schlichtweg ganz genau hinterfragt.

Die mir fehlende Aufmerksamkeit in meiner Kindheit gepaart mit übermäßigem Konsum von Medien aller Art waren also der Ursprung meiner »Sehnsüchte«. Dass ich wegen meines Übergewichts in der Schule gemobbt wurde, hatte den Stein ins Rollen gebracht. Das war die Geburt von Fernando sozusagen. Ich wollte ihn erst mit Essen zufriedenstellen, aber gleichzeitig Anerkennung erhalten, dünn zu sein. Kurzerklärung des Jo-Jo-Effekts und meiner langjährigen Essstörung.

Ich wollte das Loch in mir außerdem mit Shopping stopfen und gleichzeitig Anerkennung für meinen tollen Style erlangen. Kurzerklärung für meine Kaufsucht. Dann hab ich's noch mit Alkohol versucht. Da bekam ich ja auch mehr Anerkennung, weil ich mitmachte. Ich kann nicht leugnen, dass meine Berufswahl teilweise abhängig davon war, Aufmerksamkeit zu bekommen. Hallo an alle Leute, die einen Beruf in der Öffentlichkeit ausüben.

Ich wollte einfach geliebt werden, um jeden Preis.

Da dachte ich jedoch noch viel zu oberflächlich. Dass man nach Liebe und Anerkennung strebt, ist ja eigentlich etwas ganz Natürliches. Sie macht einen großen Teil unseres Glücksempfindens aus. Wir brauchen sie wie die Luft zum Atmen. Der Mensch ist ein Rudeltier. Wer früher von der Gruppe ausgegrenzt wurde, ist einfach gestorben. Klingt hart, ist aber so. Ich hatte halt einfach auf dem falschen Weg danach gesucht.

Wer nicht nachhaltig denkt, wird immer versuchen, über den scheinbar »leichteren« und »kürzeren« Weg an Liebe und Zuneigung zu kommen. Damit meine ich zum Beispiel durch schönes Aussehen, Geld, Macht und andere Äußerlichkeiten. So, wie ich es getan habe. Wer nach echter und nachhaltiger Liebe sucht, muss sich mit seiner inneren Schönheit und seinem geistigen Reichtum befassen. Wenn ich von Liebe spreche, dann meine ich nicht nur die Liebe zu einem Partner. Liebe ist überall. Ich meine damit die Liebe zu dir selbst, zum Leben, zu deiner Familie, zu Freunden und generell zu all deinen Mitmenschen und deinem Umfeld.

Tschüss Haare! – Hallo Selbstwertgefühl!

Ich will dir kurz von meinem bis jetzt wohl prägendsten Ereignis erzählen, welches ich gern als »den Anfang meines bewussteren Lebens« sehe. Obwohl ich eigentlich schon viel früher durch meine Ernährungsumstellung auf vegetarisch und dann auf vegan begonnen habe, Dinge zu hinterfragen. Dieses Ereignis hier konnte man aber von außen sehen und zieht einen glatten Strich durch mein Leben.

Eines Abends sah ich in einer Bar eine wunderschöne von innen heraus strahlende Frau. Sie hatte eine kahl rasierten Kopf, trug roten Lippenstift und hatte ein unglaublich anziehendes Lächeln. Als ich sie von Weitem bewunderte, hatte sie wohl gerade ein Date. Ich war so begeistert von diesem selbstbewussten Auftreten und ihrer Ausstrahlung, dass ich noch am selben Tag beschloss, mir meine langen Haare abzurasieren.

Gedacht, getan. Am nächsten Tag kaufte ich gemeinsam mit Freunden einen Rasierer und ließ meine Mähne fallen. Das war für mich das wohl befreiendste und aufregendste Erlebnis meines Lebens und der Start in ein Jahr voller neuer Erfahrungen und Lektionen. Das heißt jetzt nicht, dass du dir zwingend die Haare abrasieren musst, um im Leben dazuzulernen, ich würde es aber tatsächlich jedem mal empfehlen.

Ab sofort konnte ich mich nicht mehr hinter meinen Haaren verstecken, und ab sofort entsprach ich nicht mehr den Idealvorstellungen der Medien. Hell yes, ich rockte diese Frisur echt krass – mit full on Make-up. Hand aufs Herz, komplett ungeschminkt fühlte ich mich dann doch recht unwohl. Irgendwie sah ich dann aus wie ein Baby oder ein kleiner Junge. Ich wurde oft recht traurig angeschaut, weil viele Menschen glaubten, ich wäre möglicherweise krank. Ich kann diese Schlussfolgerung verstehen, aber mein Tipp: Bitte schaut Leute, die möglicherweise wirklich krank sind oder an einer Behinderung leiden, nicht mitleidig an, dieses Gefühl ist einfach nicht schön und bewirkt leider genau das Gegenteil von dem, was man eigentlich bezwecken möchte.

Ich fand interessant, dass sich die Männerwelt in dieser Zeit doch ziemlich von mir abwandte. Lustigerweise war ich aber den Frauen um ein Vielfaches sympathischer. Wenn man uns als Tiere betrachten würde, eigentlich ein recht logisches Verhalten. Das Männchen sucht nach einem gesunden Weibchen mit voller Mähne, weshalb ich für andere Weibchen keine Konkurrenz mehr dargestellt habe. Zum Glück sind wir aber ja keine Primaten mehr. Oder wenigstens nicht mehr ganz …

Na ja, ich schweife vom Thema ab. Ich machte in dieser Zeit echt alle Gefühle durch, die man haben kann und das nur wegen abgestorbener Hautschuppen, die aus meiner Kopfhaut wachsen. Manchmal gefiel ich mir richtig gut, dann wieder wollte ich mich einfach nur verstecken. Vor allem später in der Zeit der Übergangsfrisuren sah ich oft sehr lustig aus. Ich nahm es zwar echt mit Humor, hatte aber trotzdem Phasen, in denen ich heulend vorm Spiegel saß und meine Haare zurückwollte.

Warum genau diese Zeit für mich aber so wertvoll war? Da ich mich nicht mehr nur durch meine äußere Schönheit definieren konnte, war ich nun fast gezwungen, an meiner inneren zu arbeiten. Das liest sich hier wieder so einfach in einem Satz, war aber tatsächlich sehr lange und harte Arbeit. Noch dazu muss man sie immer wieder machen, damit sich dieses Denken auch verfestigt und anhält.

Veränderung ist auf keinen Fall einfach.
Veränderung tut manchmal weh
und erfordert viel Kraft und Zeit.
Am Ende ist es das alles aber auf jeden Fall wert.

Ich entdeckte das Mentaltraining für mich. Ich erkannte so allmählich meinen Selbstwert, arbeitete meine Kindheit und Vergangenheit auf, und ich setzte mich damit auseinander, was ICH wirklich vom Leben wollte und nicht, was mein Umfeld von mir erwartete. Ich verschlang Bücher zu diesem Thema, als gäbe es kein Morgen mehr. Hier in meinem Buch sind das lediglich ein paar Zeilen, die sich so anhören, als wäre alles linear und ganz einfach verlaufen. In Wirklichkeit arbeite ich daran intensiv seit mehreren Jahren und werde wahrscheinlich noch viele weitere Jahre daran arbeiten, und das ist auch gut so.

WAS SCHÖNHEIT MIT DEINER MENTALEN GESUNDHEIT ZU TUN HAT

Wir machen hier ein kleines Gedankenexperiment: Stell dir eine Straße vor mit vielen Wohnhäusern. Am einen Ende der Straße lebt eine Familie in einem riesigen, frisch renovierten Haus mit gepflegtem Garten und Pool. Die Nachbarn sind richtig neidisch, denn diese Familie muss doch unendlich glücklich sein. Tatsächlich ist die Familie in diesem Haus aber gar nicht so glücklich, wie es auf die Nachbarschaft möglicherweise wirken mag. Die Eltern streiten fast täglich, jeder fühlt sich unverstanden, und über Gefühle zu reden ist tabu. Es wohnen zwar mehrere Leute in dem Haus, aber trotzdem fühlen sich alle einsam.

Auf der anderen Seite der Straße lebt eine Familie in einem etwas kleineren Haus, die Fassade ist vergilbt und könnte mal wieder einen neuen Anstrich gebrauchen. Der Garten ist verwildert. In diesem Haus wohnt eine sehr herzliche Familie. Hier kann man jedes Problem ansprechen, ohne verurteilt zu werden. Die Familienmitglieder sind sehr fürsorglich und haben immer ein offenes Ohr für die Probleme der anderen und versuchen, diese gemeinsam zu lösen.

In welchem Haus möchtest du lieber wohnen? Also ich würde mich für Nummer zwei entscheiden. Lies nun den Text noch mal, und stell dir vor, dass das Haus dein Körper ist und die Bewohner deine Seele.

Ich würde sogar so weit gehen und behaupten, dass auf längere Zeit gesehen das Haus der glücklichen Familie schöner wird, weil sie sich darum kümmern und gemeinsam anpacken. Die unglückliche Familie hingegen ihr Haus möglicherweise sogar verkümmern lässt, zerstört oder sich im schlimmsten Fall trennt und auszieht.

Was, wenn ich das jetzt auf Körper und Seele beziehe? Das bedeutet, dass ein unglücklicher Geist auch den Körper zerstören wird, in dem er wohnt. Zum Beispiel mit ungesunden Diäten, Schönheitsoperationen oder anderen unnatürlichen Verhaltensweisen. Ein gesunder Geist jedoch kümmert sich um die wahre Gesundheit des Körpers, in dem er lebt.

Wie vorhin mit den Primaten kurz angeschnitten empfinden wir gesundes Aussehen als besonders attraktiv. Alle unnatürlichen Wege, um gesund auszusehen, scheinen für uns sehr verlockend, weil sie uns als der einfachere Weg verkauft werden, schaden dem Körper aber auf Dauer meist oder behandeln das Problem nicht an der Ursache und sind somit nur eine kurzfristige Lösung.

Warum ich für meine Schönheit nichts kaufen muss

Was das Thema Schönheit betrifft, öffnete sich für mich also ein komplett neuer Zugang. Dass ein gesundes Äußeres für den Menschen attraktiv wirkt, habe ich ja bereits angesprochen. Langes, dichtes gesundes Haar, reine Haut und kräftige Fingernägel sind dafür nur einige Beispiele. Dass das ein gesunder Körper von sich aus bildet, ist auch irgendwie logisch. Ich richtete mich immer nur danach, schön, also gesund, »auszusehen«, anstatt es wirklich zu »sein«.

Ich versuchte, mit Produkten und Diäten mein Äußeres gesund wirken zu lassen.

Als ich begann, mich mit meiner mentalen Gesundheit, also mit meiner inneren Schönheit auseinanderzusetzen, fing ich automatisch an, meinem Körper nur Gutes zu wollen – und heilte ihn dadurch. Unser Körper kann mehr, als viele von uns ihm zutrauen würden, er braucht lediglich einen gesunden Geist, gesunde Nahrung, Wasser und Sonnenlicht, um in seiner vollen Gesundheit und Schönheit aufzublühen.

Die Ausstrahlung tut außerdem viel zur Schönheit dazu. Auch das ist etwas, das man erlernen kann. Dafür brauche ich keine Produkte. Ich wundere mich, wie wenig Geld oder Produkte ich eigentlich wirklich für meine Schönheit brauche.

So gut wie alles, was ich immer gelernt hatte, dass es mich schön machen würde, empfand ich plötzlich als eine große Lüge. So viel Zeit und Geld flossen in Produkte und Tätigkeiten, die ihren eigentlichen Sinn verfehlten, wo die eigentlichen Antworten doch bereits da waren und das meiste davon sogar gratis verfügbar ist. Ich bin ehrlich gesagt sehr froh über diese Erkenntnis. So vieles kann ich mir dadurch jetzt ersparen.

Meine liebsten »Beauty-Produkte« sind also jetzt

- Gesunde Ernährung
- Bewegung
- Wasser
- Sonnenlicht
- Dankbarkeit
- Mentaltraining
- Empathie für mich selbst und für meine Umgebung

Damit meine ich nicht, dass man ohne diese Dinge nicht schön sein kann. Nur sind sie meiner Meinung nach bei Weitem bessere Hilfsmittel als Zahn-Bleachings oder Extensions. Mittlerweile habe ich also aufgehört, mich täglich zu schminken, meine Haare zu glätten oder zu färben, meine Nägel machen zu lassen, Extensions zu verwenden und so weiter.

Es gefällt mir besser, einfach natürlich zu sein. Ich sehe es auch ehrlich gesagt einfach nicht ein, mich erst dann schön zu finden, wenn ich mich eine Stunde gestylt habe. Gesichter sind für mich etwas so unglaublich Schönes geworden. Keines gleicht dem anderen, und jedes ist besonders.

GOING MINIMAL – WEG MIT ALLEM, WAS MIR NICHT ENTSPRICHT

ENTRÜMPELN MEINES PHYSISCHEN BALLASTS

Plötzlich hatte ich das Gefühl, mich von all dem, was ich nicht war, befreien zu müssen. Passend dazu entdeckte ich die Dokumentation »Minimalism« auf Netflix. Plötzlich erkannte ich, dass meine Wohnung gefüllt war mit Dingen, die ich überhaupt nicht brauchte oder gar nicht mehr wusste, dass ich sie hatte. Tatsächlich litt sogar meine Kreativität unter der vielen Auswahl an Dingen: klassische Reizüberflutung. Wenn man zwar so viel hat, man im Endeffekt aber nichts davon verwendet. Dieser Überfluss macht einen nicht nur weniger kreativ, dadurch fällt es auch schwerer, dankbar zu sein für das, was man hat. Das Thema »Minimalismus« fand ich unglaublich spannend und faszinierend.

> Beim **Minimalismus** geht es im Grunde darum, nur die Dinge zu besitzen, die du wirklich brauchst, verwendest oder die dich mit Glück erfüllen. Alles andere ist nur Ballast, der dir Platz und Zeit raubt.

Viele meinen, es ginge beim Minimalismus um so wenig Besitz wie möglich. Doch es geht vielmehr darum, sich mit den Dingen auseinanderzusetzen, die man hat, um schließlich Dinge wegzugeben, die man nicht braucht – und dadurch Platz und Zeit und somit mehr Freiheit zu schaffen.

Ich war begeistert von der Vorstellung, meine Wohnung auszumisten. Ich nahm wirklich jeden Gegenstand in die Hand und fragte mich, ob ich ihn wirklich brauche und auch verwende. Ich fing mit meiner Kleidung an, dann ging es weiter mit meinen Kosmetik- und Pflegeprodukten. Ich war echt schockiert, wie viele Dinge ich besaß – und wie wenig ich davon eigentlich wirklich brauchte.

Das mit Abstand unnötigste Ding, was ich mir in meinem Leben wohl gekauft hatte, war meine legendäre Eiswürfelmaschine. Ich hatte immer schon davon geträumt, eine zu besitzen und erhoffte mir dadurch sogar mehr Besucher in meiner Wohnung. Ich dachte, dass ich dann besonders cool wäre. Ertappt! Gutes Beispiel für das Suchen nach Liebe durch Materialismus. Aber eigentlich hatte ich die Maschine wirklich nur einmal ausprobiert. In der restlichen Zeit nahm sie einfach nur einen großen Teil der Arbeitsfläche meiner Küche ein und war lästiger Staubfänger.

All die Dinge, die ich nicht verwendet hatte, stellte ich erst mal in meine Abstellkammer. Ich benannte sie um in »Hall of shame«. Heute würde ich sie eher »Hall of learning« nennen, denn Fehler machen wir alle, und das Geheimnis ist, aus ihnen zu lernen. Zwei Jahre brauchte ich, um alles loszuwerden, was ich nicht mehr haben wollte. Ich begann, Flohmärkte zu veranstalten, Dinge zu verkaufen, zu verschenken, aufzubrauchen oder auch einfach zu entsorgen, wenn sie kaputt oder komplett unbrauchbar waren.

Ich wollte einfach all diesen materiellen Ballast loswerden und mich befreien.

Diesen Ausmistprozess machte ich nicht nur einmal durch, sondern über die zwei Jahre verteilt immer wieder. Vor allem das Entrümpeln in der Küche half mir sehr bei meiner Ernährungsumstellung. Weg mit all den Lebensmitteln, die nicht gut für meine Gesundheit waren, und her mit all dem Platz für das nährstoffreiche Zeug. Ich sortierte alles aus meinem Leben aus, was mir nicht entsprach oder ich nur gekauft oder in mein Leben gelassen hatte, um anderen zu gefallen.

→ *Falls du diese Reise hautnah miterleben möchtest: Ich habe sie auf meinen Kanälen dokumentiert.*

Das ganze Ausmisten meiner Wohnung entfachte in mir den Willen, ab jetzt immer bewusster zu konsumieren. Wer will schon zwei Jahre lang Dinge verkaufen, um dann ohne nachzudenken wieder alles Mögliche anzuhäufen. Also ich nicht. Es war zwar wirklich eine spaßige Zeit, aber noch mal brauch ich's in diesem Ausmaß nicht.

Dieser Weg verlief natürlich nicht linear. Manchmal verkaufte ich Dinge, die ich anschließend doch wieder dachte zu brauchen, um sie dann wieder zu kaufen und anschließend doch wieder zu verkaufen. Das beste Beispiel dafür ist mein Glätteisen. Oder ich kaufte mir einen riesigen teuren Fernseher, obwohl ich gar nicht mehr fernsehe. Ja, und auch das wieder, um Leute in meine Wohnung zu locken. Wahre Freunde kommen dich halt auch gern besuchen, wenn du keinen Flat-Screen hast.

WER SIND MEINE WAHREN FREUNDE?

Wenn wir schon beim Thema Freunde sind, geb ich dazu auch noch gleich meinen Senf dazu. Nachdem ich all meinen Besitz und Materialismus hinterfragt hatte, merkte ich schnell, dass das Grundprinzip des Minimalismus sich eigentlich auf so gut wie alles im Leben übertragen lässt. »Qualität statt Quantität« nannte man das, bevor dieses neue Wort »Minimalismus« mit der eigentlich gleichen Aussage gehyped wurde.

Ich hatte immer schon den Traum, eine fette Geburtstagsparty schmeißen zu können, zu der ich meine 50 Freunde einlade, die mich alle abgöttisch lieben. Wow, wie realistisch! Dass es eigentlich unmöglich ist, diesen Traum in die Realität umzusetzen, weiß ich jetzt auch. Wer hat bitte Zeit für so viele Freunde?

Na ja egal, auf jeden Fall hinterfragte ich mal, wie gut ich meine Freunde überhaupt kenne oder sie mich. Da ich mich nicht mal selbst kannte, weil ich mich ja immer nach meinem Umfeld richtete, war das schwer zu beantworten. Ich merkte, wie oberflächlich meine Freundschaften eigentlich waren. Im Nachhinein betrachtet wirklich komisch. Genau die Liebe, die ich so sehr brauchte, versuchte ich über Äußerlichkeiten wie Aussehen, Macht oder Besitz zu gewinnen – obwohl die Lösung für mein Problem doch eigentlich gratis gewesen wäre.

Meine Freundschaften waren nicht oberflächlich, weil meine Freunde schreckliche Menschen waren oder so. Ich zeigte einfach nicht offen, wer ich bin, natürlich tat ich das nicht bewusst. Wie sollten Leute um mich herum dann die Chance haben, sich zu entscheiden, ob sie mich mögen oder nicht? So liebten die Menschen vielleicht diese Hülle, die ich mir erschafft hatte, die ich aber nicht mal selbst lieben konnte. Maske ab! – Life Changer!

Außerdem muss ich zugeben, dass ich den Leuten um mich herum auch nie wirklich zuhörte oder mich tatsächlich auf tiefer Ebene für sie interessierte. Das hört sich jetzt gefühlskälter an, als ich war. Ich war einfach viel zu sehr damit beschäftigt, allen gefallen zu wollen, als zu schauen, ob MIR eigentlich jemand gefällt. So lösten sich durch meine Veränderung einige Menschen von mir, die nicht mehr in mein Leben passten. Dafür entstand jedoch Platz und Zeit für die, die mich ohne meine Maske liebten. Auch alte Freundschaften festigten sich wie noch nie zuvor, einfach weil ich ihnen nun mehr Zeit widmete.

**Es geht nicht darum,
dass möglichst viele Leute dich mögen,
sondern die, die zu dir passen.
Zeig dich so, wie du bist,
und du wirst diese Menschen
anziehen wie ein Magnet.**

WOVON WILL ICH MICH WIRKLICH BEEINFLUSSEN LASSEN?

Ich überdachte nicht nur die Zeit, die ich für meine Freunde investierte, sondern auch jene, die ich mit dem Konsum von Medien verbrachte. Mehrere Stunden am Tag verschwendete ich damit, mir Dinge anzuschauen, die gefühlt meinen Selbstwert in den Keller trieben. Ob auf den sozialen Medien oder im Fernsehen. Weil man ja sagt, dass man die Essenz aus den Leuten ist, mit denen man die meiste Zeit verbringt, musste ich unbedingt mal schauen, wem ich überhaupt online so zusehe und was die mir vermitteln. Finde ich das überhaupt gut, und warum schaue ich mir das eigentlich an?

Ich glaube, ich »entfolgte« an einem Tag 500 Kanäle auf Instagram und YouTube. Von sogenannten Influencern, von denen ich dachte, dass ihr Leben traumhaft sei und ich deshalb so sein wollte wie sie. Mädels, die Lagerhallen mit ihrer Kleidung füllen könnten, Körper wie Victoria's-Secret-Models hatten oder ihr einziger Content war, schön auszusehen oder viel Geld zu haben. Versteht mich nicht falsch, ich habe nach wie vor absolut nichts dagegen, wie diese Menschen leben, jedoch war das Einzige, was es mir gebracht hat, ihnen zu folgen, mich minderwertig zu fühlen. Das Entfolgen solcher Kanäle veränderte für mich so vieles. Nicht nur meine Psyche wurde von den sozialen Medien vergiftet, sondern auch mein Kaufverhalten wurde dadurch stark beeinflusst.

Gibt es ein Thema, zu dem ich mehr Background-Wissen habe als zu diesem? Nein. Schließlich stecke ich ja mittendrin in dieser Szene. Deswegen will ich dir unbedingt auch diesen Blickwinkel mitgeben, damit du besser auf deinen Social-Media-Konsum achten kannst. Influencer sind für viele Unterhaltungs- und Informationsquelle Nummer eins.

Wer als Influencer arbeiten möchte, lebt davon, für Verschiedenstes zu werben. Also jetzt nicht, dass man die meiste Zeit mit dem Produzieren von Werbung verbringt, sondern diese für die meisten die einzige Einnahmequelle darstellt. Egal ob deine Inhalte aus Comedy-Videos oder Bergsteigerinfos besteht. Oft bin ich dadurch gepaart mit meinem Lebenswandel in einen Zwiespalt geraten. Wer mit großen Firmen arbeitet, verdient in der Regel mehr, denn diese haben oft sehr große Werbebudgets. Außerdem schicken dir als Influencer mit großer Reichweite Firmen oft Dinge und erwarten dafür im Gegenzug eine kleine Erwähnung in deinen Inhalten. Das ist für sie die einfachste, effektivste und günstigste Werbung. »PR Sample« wird so eine Ware in Fachkreisen genannt.

Ohne darüber nachzudenken machen so viele Content-Creatoren ihre Kanäle zur Dauerwerbesendung, ohne die Produkte oder Anbieter auch nur ansatzweise zu hinterfragen und sich ihrer Macht bewusst zu sein. Natürlich machen das die meisten nicht mit bösen Absichten. Sehr wenige von uns würden tatsächlich nein zu Gratisprodukten sagen. Konnte ich auch lange nicht.

Ich habe ebenfalls für viele Firmen geworben, dessen Produkte ich heute nicht mehr geschenkt haben wollen würde. Dinge, die schlecht für die Umwelt sind; Konzerne, die Menschen ausbeuten oder Produkte, die meiner Gesundheit schaden. Also möchte ich dir unbedingt ans Herz legen, die Dinge zu hinterfragen, die dir dein liebster Influencer als Gold verkauft. Oft ist nämlich das einzige Gold bei der Sache jenes, das in den Geldbeutel dieses Creators und der Firma wandert.

Also schaffte ich auch hier Platz und Zeit. Ich entdeckte viele tolle Influencer, die all ihre Zusammenarbeiten gut überdenken und tollen Content mit wertvollen Inhalten liefern. Solche, die mir helfen, mich informieren und mir ein gutes Gefühl geben. Ich muss zugeben, dass ich selbst seitdem nur noch mit Firmen arbeite, deren Werte mit meinen gleichziehen, auch wenn ich dann weniger verdiene. Dafür weiß ich, dass ich mit meiner Arbeit etwas Gutes tue und bin deshalb stolz darauf. Das hat für mich persönlich den größeren Wert.

Generell mistete ich also auch was meinen Medienkonsum angeht aus, um Platz zu schaffen. Ich meine damit nicht nur die sozialen Medien. Die habe ich nur etwas genauer besprochen, weil sie bei mir das meiste ausmachten, und ich denke, dass das bei vielen Lesern meines Buchs auch so ist. Nebenbei schränkte ich ebenso meine Fernsehzeit ein, um mehr Zeit fürs Lesen oder andere Unterhaltung zu haben.

> **Du bist die Essenz aus dem, was dich täglich beeinflusst. Entscheide gut, wem du diese Macht geben möchtest.**

ICH ENTSCHIED MICH GEGEN DAS SCHNELLE GELD

Ich hatte die absolute Chance und auch das Zeug dazu, meinen Fame auf YouTube um ein Vielfaches zu vergrößern. Ich wusste genau, was ich hätte tun müssen, um meine Bekanntheit zu steigern und weiter große Werbedeals mit bekannten Firmen anzuziehen, um unvorstellbare Summen zu verdienen. Ich hab's ja auch bei meinen Kollegen gesehen. Irgendwie fühlte sich das für mich auf einmal gar nicht mehr erstrebenswert an. Wem bringt es etwas, wenn ich Fotos mache, die nur bewirken, dass andere sich schlecht fühlen oder Videos, auf die ich nicht stolz bin aber damit Cash mache, das ich eigentlich gar nicht brauche, um glücklich zu sein.

> **Ich lebe lieber ein Leben, das ich fotografieren möchte, als eines zu fotografieren, das ich leben möchte.**

Ich trennte mich von meinem Netzwerk, also auch von meiner Managerin, und entschied, meinen Weg von nun an allein weiterzugehen. Ich wollte nur noch Unternehmen unterstützen, die meiner Meinung nach Aufmerksamkeit verdienten und wollte keine PR Samples mehr annehmen. Ich hatte so oder so nie viele Produkte auf meinen Kanälen gezeigt.

Ich wollte außerdem Content machen, der die Leute nicht nur unterhält, sondern dazu noch Mehrwert bietet. Auch bei den Leuten, die mir folgten, wurde mir egal, wie viele es waren. Viel wichtiger wurde es mir hingegen, WER mir da zuschaut. Ich erkannte den Wert meiner Community. Aber so was von! Da bildete sich regelrecht eine Gruppe an Leuten, die sich gegenseitig weiterbringen wollten. Ein Miteinander statt ein Gegeneinander.

Auch bei den Events, auf die ich eingeladen wurde, veränderte sich vieles. Die Influencer, die ich dort kennenlernte, hatten ganz andere Werte als die, die ich normalerweise gewohnt war. Typisches Beispiel für »you attract, what you are«. Ich wollte plötzlich von allem im Leben weniger, aber dafür intensiver, hochwertiger und tiefgründiger. Ich wollte nicht mehr abhängig sein. Von nichts abhängig. Ich wollte mein Glück endlich von innen heraus verspüren und Fernando nicht mehr füttern und unterdrücken, sondern mich mit ihm auseinandersetzen und lernen, ihn zu bändigen.

DURCH WISSEN BEWUSSTER WERDEN

Plötzlich bemerkte ich, wie wenig ich eigentlich über Dinge und Menschen wusste, mit denen ich täglich zu tun hatte. Wie sieht eine Kartoffelpflanze oberhalb der Erde aus? Woher kommt das T-Shirt, das ich trage? Was genau ist eigentlich ein Hühnerei? Wie heißt meine Nachbarin? Was geht in den Köpfen meiner Eltern vor? Was ist in dem Shampoo drin, das ich täglich verwende, und tut meinem Körper das tatsächlich gut? Ist es überhaupt notwendig, meine Haare täglich zu waschen? Welche Nährstoffe braucht mein Körper, und in welchen Lebensmitteln sind diese enthalten?

Ich begann, alles zu hinterfragen und mich zu informieren. Denn wie soll ich mich entscheiden, was ich wirklich mag, wenn ich nichts über die Dinge weiß? Ich schaute Dokumentationen, las Bücher und abonnierte YouTube- und Instagram-Kanäle, die sich mit den Themen Selbstheilung, gegen die Ausbeutung von Tieren und Menschen, Fast Fashion, Plastik und generell Umweltverschmutzung durch Müll und vieles mehr auseinandersetzten. Wenn ich dir jetzt von all diesen Missständen auf der Erde erzählen würde, würde ich mit einem Buch nicht auskommen. Im hinteren Teil des Buchs gibt es jedoch zu einigen Themen die für mich wichtigsten Fakten und Tipps. Außerdem werde ich dir noch einige meiner Inspirationen (→ ab Seite 204) mitgeben.

Was ist denn überhaupt bewusster Konsum?

Jetzt habe ich dir schon meine halbe Lebensgeschichte erzählt. Ich glaube, es wird Zeit, den Titel des Buchs zu erklären. Laut meiner ausführlichen Online-Recherche bezeichnen wir mit Konsum im Allgemeinen den Verbrauch und Verzehr von Gütern. Ich persönlich würde das Ganze aber noch etwas erweitern.

Wir alle konsumieren täglich und ständig. Manches bewusst, manches unbewusst. Damit meine ich nicht zwingend nur den typischen wie gerade definierten Konsum, bei dem Geld für materielle Dinge oder Verbrauchsgegenstände ausgegeben und die Ware dann verspeist oder gebraucht wird. Eigentlich ist fast alles, was wir tun, eine Form von Konsum: Essen, Trinken, Fernsehen, Lesen, die Nutzung von Social Media – all das ist Konsum. Folglich konsumieren wir zum Beispiel auch Eindrücke und Meinungen. Brainfood sozusagen.

Doch was heißt jetzt »bewusst konsumieren«? Wenn ich etwas konsumiere, dann bin ich geistig und körperlich anwesend und konsumiere es doch komplett bewusst, oder etwa nicht?

So habe ich zumindest immer gedacht. Bewusst konsumiert man dann, wenn man sich mit den Dingen, die man konsumiert, genauer auseinandersetzt. Sich Wissen aneignet, um so auch wirklich entscheiden zu können, ob man etwas kaufen und somit unterstützen möchte oder nicht.

**Denn wer über Dinge nichts weiß,
der kann sich weder bewusst dafür
noch dagegen entscheiden.**

Es gibt unendlich viele Faktoren, die man beim bewussten Konsumieren berücksichtigen kann. Erst musst du für dich herausfinden, was dir wirklich wichtig ist. Worauf möchtest du gern achten? Das bedeutet, dein Konsumverhalten mit deinen eigenen Prioritäten zu verbinden. Also gestaltest du genau genommen deinen bewussten Konsum selbst. Das heißt, was für mich gut ist, muss nicht gleichzeitig für dich gut sein. Deswegen sage ich dir auch in diesem Buch nicht, was »falsch« und »richtig« ist und was genau du tun musst, um bewusst zu leben. Mein »bewusst« ist möglicherweise ein anderes als deins.

Für mich persönlich sind doch recht viele Dinge wichtig. Meine Gesundheit, Menschenrechte, Tierrechte und Umweltschutz zum Beispiel. Das heißt jetzt nicht zwingend, dass ich bei jedem Kauf alles gleichzeitig beachten kann. Das wäre einfach fast unmöglich. Zumindest von einem auf den anderen Tag. Dazu muss man echt schon geübt sein. Ich wäge ab, was für mich im Moment machbar und mir am wichtigsten ist. Tatsächlich ist jeder Euro, den du ausgibst wie ein Wahlschein, bei dem du aktiv entscheidest, was du unterstützt, somit weiterbetrieben wird und die Umwelt und Menschen beeinflusst. Dein Konsum bestimmt also das Angebot.

**Der Satz
»Brauche ich das wirklich?«
wurde zu meinem Mantra.**

ÜBERKONSUM – DAS EIGENTLICHE PROBLEM

Als ich begann, mich mit all diesen Themen auseinanderzusetzen, beging ich einen doch recht typischen Fehler. Ich schränkte meinen Konsum erst mal nicht ein, sondern suchte einfach für ALLES nach fairen und umweltbewussten Alternativen. Das klingt in erster Linie doch schon recht gut, aber unser eigentliches Hauptproblem ist ja, dass wir alle einfach generell zu viel konsumieren.

Als Influencerin, die ihr tägliches Brot damit verdient, Produkte oder anderes in ihren Inhalten zu bewerben, hatte ich mit dieser Erkenntnis natürlich sehr lange zu hadern. Nachhaltige Firmen zu unterstützen ist zwar super und auf jeden Fall auch sinnvoll, aber ob es so sinnvoll ist, einen Kosmetikschrank mit kaum verwendeter Naturkosmetik zu besitzen oder einen Kleiderschrank voll mit Fair Fashion, wovon man die Hälfte kaum trägt, ist ebenso fragwürdig. Schließlich müssen all diese Produkte irgendwo und irgendwie produziert werden.

Wer bewusst konsumiert, wird automatisch sehr viel weniger konsumieren, denn wer gleich von Anfang an nur die Dinge kauft, die ihm gut gefallen, passen und lange halten, ist auch sehr viel länger damit zufrieden und braucht somit nicht schnell einen Ersatz.

Wer Zeit und möglicherweise auch Geld investiert, um sich mit dem Produkt auseinanderzusetzen und seinen Werten entsprechend einkauft, hat noch dazu um ein Vielfaches länger Freude an den Sachen, passt besser auf sie auf und hat zudem ein gutes Gewissen. Vieles kaufen wir einfach nur, weil wir vergessen haben, dass wir es eigentlich bereits besitzen, da es unter dem ganzen Kram zu Hause untergegangen ist. Vor allem bei Lebensmitteln fällt mir das besonders auf. Na, fühlst du dich angesprochen?

Die nachhaltigste Form von Konsum ist, die Dinge wirklich zu verwenden, die du oder jemand anderes bereits zu Hause hat.

So fand ich also für mich einen Weg, um weniger Dinge und somit auch nachhaltiger zu konsumieren. Viele denken, sie könnten gar nicht bewusst oder nachhaltig leben, weil das doch zu teuer wäre. Wer aber wirklich den nachhaltigsten Weg für sich herausfindet, braucht im Endeffekt wahrscheinlich sogar viel weniger Geld als vorher.

Es ist nämlich absolut nicht teuer, mit dem zufrieden zu sein, was man bereits hat. Etwas aus zweiter Hand zu kaufen ist in den meisten Fällen viel preiswerter als die neue Option. Bei Neukäufen und Lebensmitteln kann man, wenn man dann doch das nötige Kleingeld hat, auf die Qualität der Produkte achten und somit mehr davon haben. Bei Kleidung, weil sie länger erhalten bleibt. Bei Lebensmitteln, weil man von gesunden und nährstoffreichen Lebensmitteln im Schnitt gesünder lebt und Kranksein teuer ist. Also fand ich Freude daran, weniger zu kaufen, diese Dinge dann aber genau zu kennen und auch wirklich zu verwenden.

> »If you think education is expensive, try ignorance.«
> *Derek Bok*

ANKOMMEN

Bewusst konsumieren schön und gut, aber was hat das Ganze jetzt mit »besser leben« zu tun? Was heißt überhaupt besser leben, und wie hängt das mit meinem Konsumverhalten zusammen? Ich fand durch das Ausmisten in vielerlei Hinsicht heraus, was ich NICHT in meinem Leben möchte. So schaffte ich mir viel Zeit und damit jede Menge neue Freiräume für mich.

Warum Zeit die eigentliche Währung des Lebens ist

Ich machte eine kleine Umfrage mit meinen Instagram-Zuschauern, wovon sie in ihrem Leben im Allgemeinen gern MEHR und wovon sie gern WENIGER hätten:

MEHR	WENIGER
Liebe	Stress
Sicherheit	Ballast
Freude	Sucht
Sinn	Hass
Ruhe	Neid
Gesundheit	

Wenn ich all diese Dinge genauer unter die Lupe nehme, haben sie alle die gleiche Konstante – Zeit. Komischerweise nimmt man sich heutzutage immer weniger Zeit für das, was man aus tiefstem Herzen eigentlich möchte. »Ich habe keine Zeit« ist zum Trendsatz Nummer eins geworden, und ein voller Terminkalender ist längst ein Statussymbol. Wir halsen uns Stress, Druck und Ballast auf, wodurch im Endeffekt Süchte, Hass und Krankheit erzeugt werden und uns die Zeit für Liebe, Ruhe und Gesundheit geraubt wird.

Ich setzte mich sehr lange und intensiv mit den Themen Geld und Zeit im Zusammenhang mit Glücklichsein auseinander – und glücklich wollen wir schließlich alle sein. Also davon gehe ich jetzt einfach mal aus. Ich bemerkte, dass ich meinen Fokus zu sehr darauf versteift hatte, viel Geld würde mich »automatisch« glücklich machen. Das Geld aber auch Zeit kostet, und Zeit die eigentlich Währung des Lebens ist, kam mir nie in den Sinn.

Die folgenden Beispiele sind nicht immer auf alle Lebenssituationen anzuwenden, aber sie verdeutlichen dir recht gut, welche Vorteile sich aus einem »Weniger« ergeben.

Warum WENIGER wirklich MEHR ist

Weniger kaufen → weniger Besitz → weniger putzen, aufräumen und »Instandhaltung« → **mehr Zeit**

Weniger shoppen gehen → **mehr Zeit**

Weniger Medien konsumieren → **mehr Zeit**

Weniger Besitz brauchen → weniger Geld brauchen → weniger Druck, Arbeit und Stress → **mehr Zeit**

Qualitativ hochwertig konsumieren → Dinge müssen nicht oft gekauft werden → **mehr Zeit**

Ich setzte sowohl meine Zeit als auch mein Geld nie richtig ein, um mich um die Dinge kümmern zu können, die mich wirklich langfristig glücklich machen. Nachdem ich also verstanden hatte, dass ich eigentlich alles im Leben mit Zeit bezahlte und nicht mit meinem Geld, merkte ich erst, dass ich meine Prioritäten all die Jahre komplett falsch gesetzt hatte.

Was mache ich jetzt mit der ganzen Zeit?

Dass wir uns mit bewusstem Konsum eine Menge Geld und Zeit sparen können, ist jetzt klar. Als ich meiner Mutter all das erzählt hatte, meinte sie nur: »Und was mache ich dann mit der ganzen Zeit?« Irgendwie fand ich das sehr herzig. Mir ging's nämlich ganz genauso. Da für mich all diese Erkenntnisse, die ich dir hier schreibe, erst im Nachhinein klar wurden, saß ich auch erst mal da und wusste eigentlich nicht, was ich jetzt mit all meiner neu gewonnenen Zeit anfangen sollte.

Shopping, Putzen, Aufräumen, Fernsehen, Gedanken darüber machen, was ich noch kaufen könnte, saufen gehen, morgendliches Styling, Kleidung raussuchen – die Zeit, die für all das und noch vieles mehr draufging, brauchte ich nun nicht mehr. Und ich hatte jetzt einfach frei!

Um ehrlich zu sein, überforderte mich das anfangs sogar ein bisschen. Ich war es ja gewohnt, unter Dauerstress zu stehen. Ich wusste gar nicht mehr, wie sich Ruhe und nichts tun anfühlt. Ging aber recht schnell, sich damit anzufreunden!

Ich bemerkte, wie wichtig Ruhe für die Psyche ist. In der Zeit, in der wir einfach nichts tun, können wir Erlebtes erst richtig verarbeiten.

Ruhe erlaubt es deinem Verstand, Lösungen zu finden. Anstatt Dinge zu überstürzen oder zu verdrängen, lasse ich jetzt der Ruhe die Kraft, mir zu sagen, was der richtige Weg ist.

Nichts tun ist also essenziell für unsere Gesundheit. Deshalb schwören so viele Leute auf die Meditation. Das ist nichts anderes, als dem Körper und dem Geist für wenige Minuten am Tag Ruhe zu gönnen. Ohne Ruhe wird dein Körper auf lange Zeit nicht funktionieren. Außerdem hatte ich jetzt nicht mehr den Druck, mit meiner Arbeit so viel Geld wie möglich machen zu wollen, und somit hatte ich Zeit, mich wieder kreativ auszuleben.

Meine Arbeit begann, mir wieder so viel Spaß zu machen wie in meinen Anfängen. Nicht nur für die Ruhe und die Kreativität begann ich, die gewonnene Zeit zu nutzen, sondern auch für das, wonach sich mein Innerstes schon immer sehnte: Ich nutzte die Zeit für die Liebe.

Ich nehme mir Zeit für die Liebe zu meinen Mitmenschen, indem ich ihnen zuhöre und Zeit mit ihnen verbringe. Die Beziehung zu meinen liebsten Menschen ist so eng wie nie zuvor. Ich nehme mir Zeit für die Liebe zu meiner Umwelt, indem ich wertschätze, was ich habe und achtsam mit Ressourcen umgehe. Ich nehme mir Zeit für die Liebe zu mir selbst, indem ich mir Ruhe gönne, auf meine physische und psychische Gesundheit achte und nach dem strebe, was mich wirklich glücklich macht.

Ich suchte die Lösung, meine innere Unzufriedenheit zu heilen, bisher immer im Konsum. Dabei lag die wahre Lösung im Wesentlichen in der Liebe. Holt die Taschentücher raus!

»Für mich stellen Liebe und Mitgefühl eine allgemeine, eine universelle Religion dar. Man braucht dafür keine Tempel und keine Kirche, ja nicht einmal unbedingt einen Glauben, wenn man einfach nur versucht, ein menschliches Wesen zu sein mit einem warmen Herzen und einem Lächeln, das genügt.«

Dalai Lama

MEIN LEBEN IST NUN EINFACHER

Mein ganzes Leben zu hinterfragen, es »aufzuräumen« und nach meinen Vorstellungen zu gestalten war erst mal aufregend und auch um ehrlich zuzugeben anstrengend. Dieser Prozess hat sich aber so sehr gelohnt, dass ich mich genau deswegen dazu entschlossen habe, dieses Buch hier zu schreiben, um auch andere zu motivieren, diesen Schritt zu wagen.

Mein Leben ist nun um ein Vielfaches einfacher, selbstbestimmter und befreiter. Ich habe endlich herausgefunden, was ich vom Leben wirklich möchte und wie ich meine Zeit und mein Geld ausschließlich in das investiere, was dazu passt.

Durch das Ausmisten meiner Wohnung fiel mir zum Beispiel plötzlich auf, dass sie für mich allein viel zu groß ist. Auch, dass ich die Natur und meine Familie und alte langjährige Freunde aus meiner Heimat vermisse, kam mir durch die dadurch entstandene Zeit in den Sinn. Deswegen beschloss ich, in eine kleinere, günstigere Wohnung, aber dafür mit Garten, in meine Heimatstadt zurückzuziehen. Raus aus der Großstadt.

Durch das wachsende Bewusstsein in mir wurde mir die Stadt einfach zu viel und zu laut. Zu wenig von dem, was ich wirklich brauchte. Jetzt habe ich all das zu Hause, was ich zum Leben brauche, ohne ständig das Bedürfnis zu haben, etwas Neues kaufen zu müssen.

Da ich weniger besitze, ist nicht nur mein Kopf freier, sondern ich muss auch schlichtweg viel weniger putzen und instand halten. Einwegprodukte habe ich zum Beispiel gegen langanhaltende ausgetauscht. Nicht nur die kleinere Wohnung spart mir Geld ein, auch meine Hobbys haben sich komplett verändert. Da ich ja immer nur ins Fitnessstudio gegangen bin, um für andere gut auszusehen, habe ich meinen Vertrag dort gekündigt und nach Freizeitaktivitäten gesucht, die mir Freude bringen. So habe ich unter anderem Yoga, Tanzen, Zeichnen, Schreiben und das Wandern für mich entdeckt.

Ich habe plötzlich große Freude daran, Dinge wie Reinigungsmittel, Kosmetik oder Lebensmittel selbst zu machen. Was mir außerdem riesen Spaß bereitet, ist es, aus alten Dingen neue zu machen. Also zum Beispiel meine Kleidung aufzuwerten oder zu reparieren. Wenn ich meinem früheren Ich erzählen könnte, dass mir Lernen auf einmal Spaß macht, würde es vor Lachen wahrscheinlich laut aufschreien.

Ich informiere mich über essbare Wildpflanzen, um diese dann beim Wandern entdecken zu können, und über saisonales und regionales Obst und Gemüse. Der Samstag ist für mich plötzlich nicht mehr nur ein Tag, an dem man feiern geht, sondern der Tag, an dem ich den Wochenmarkt besuche. Wenn ich shoppen gehe, finde ich Flohmärkte und Secondhandläden viel aufregender und cooler als Fast Fashion Shops.

All meine Hobbys sind meist gratis und sparen mir teilweise sogar viel Geld. All das Geld, das ich also nicht ausgebe, spare ich. Das gibt mir ein massives Gefühl von Sicherheit. Das Gefühl, zu wissen, dass ich genug bin und nichts konsumieren muss, um mich komplett zu fühlen, nimmt mir zudem einen großen Brocken Last von den Schultern.

Ich merke, wie nicht nur meine Seele, sondern auch mein Körper immer gesünder werden. Mein Wissen über gesunde Ernährung wächst stetig. On top of it kommt einfach noch, dass ich nicht nur mir selbst etwas Gutes damit tue, indem ich weniger und bewusster konsumiere, sondern auch der Umwelt, den Tieren und meinen Mitmenschen. Ich spare durch meinen Lebensstil quasi automatisch riesige Mengen an CO_2 und verbrauche generell viel weniger Ressourcen. Das wirkt sich positiv auf mein Gewissen aus. Ein nachhaltiger und bewusster Lebensstil ist also eine Win-win-win-win-win-Situation.

Ich dachte immer, ich müsse alles haben, um jemand zu sein. Dabei musste ich nur sein, um alles zu haben.

BACK TO THE ROOTS

Wenn ich das bisher Geschriebene hier zusammenfassen müsste, würde ich sagen, dass ich natürlich das Rad nicht neu erfunden habe. Es gibt nicht nur einiges, was sich unsere Großeltern bei uns abschauen können, sondern auch umgekehrt. Qualität statt Quantität und mit Achtsamkeit durchs Leben gehen war früher gang und gäbe. Bei meinen Tipps, wie seine Sachen zu reparieren anstatt sie wegzuwerfen und neu zu kaufen, fragt sich meine Oma, ob das nicht eigentlich logisch sei.

Der Umwelt und uns selbst zuliebe ist es einfach an der Zeit, bei manchen Dingen einen Schritt zurückzugehen und uns etwas bei der älteren Generation abzuschauen. Wir haben einfach weder genug Platz noch genug Ressourcen, dass jeder von uns weiterhin so unbewusst konsumieren kann. Jetzt schreit die Erde nach unserer Hilfe, und auch unser Innerstes meldet sich, dass da was gewaltig in die falsche Richtung geht.

Wir haben nicht nur keine Zeit mehr, sondern setzen lediglich unsere Prioritäten falsch. Also so war es bei mir zumindest. Dass neuerdings auf Fashion Shirts schon »I have anxiety« als lustig gemeinter Spruch gedruckt wird, ist ein Spiegel für all das, was ich gerade beschrieben habe. Doch im Gegensatz zu dem, was viele glauben, hat Glücklichsein nur mit der richtigen Einstellung zu tun, nicht mit dem, was man besitzt.

Es gibt also eine Lösung, wie jeder von uns glücklicher werden kann und gleichzeitig anderen Lebewesen und der Erde etwas Gutes tun kann: Bewusster zu konsumieren und seine Entscheidungen mit seinen Prioritäten zu verbinden. Ich habe mich dafür entschieden anzupacken. Nicht mehr wegzuschauen. Lass uns gemeinsam die Augen öffnen, uns informieren und etwas verändern. Nicht nur die Erde möchte wieder tief durchatmen und Entschleunigung, sondern auch du. Oder?

Das Ganze jetzt gleich in der Theorie

Da ich ja, wie schon zu Anfang des Buchs gesagt, keine Psychologin bin, dachte ich, es wäre tatsächlich sehr cool und vor allem schlau, einen ebensolchen einzuladen, mir hier mit fundiertem Wissen unter die Arme zu greifen.

Wieland, der jetzt dann gleich zu Wort kommt, ist beruflich Beziehungspsychologe und Autor. Er ist außerdem Experte für das Thema, wie wir Selbstverantwortung für unsere Gefühle und Emotionen übernehmen können. Auch er hat den minimalistischen Lebensstil für sich entdeckt. Mittlerweile lebt er sogar als digitaler Nomade auf Bali.

Ich möchte also hiermit erst mal sehr gern das Wort an Wieland übergeben. Er wird dir jetzt was übers Glücklichsein im Zusammenhang mit Konsum erzählen, also um genauer zu sein, den Fernando in uns erklären und verraten, wie man ihn wegbekommt.

Wir lesen uns später wieder!

ERLÄUTERUNG VOM EXPERTEN

von *WIELAND STOLZENBURG*

MEINE GESCHICHTE

Das, was Jana erzählt, kann ich gut nachvollziehen. Obwohl wir eine andere Lebensgeschichte haben, gibt es Überschneidungen auf unserem Lebensweg – insbesondere die, die Zufriedenheit im Außen zu suchen. Ein Fernando war mir natürlich auch nicht fremd.

Nach der Schule studierte ich Betriebswirtschaftslehre und arbeitete einige Jahre im Online-Marketing. Ich war zufrieden mit meinem Leben. Doch im Nachhinein sehe ich auch, wie sehr das Besitzen und der Erfolg mich angetrieben haben und ich dort mein Glück suchte.

Irgendwann meldete sich eine Stimme in mir: »Mach beruflich etwas mit Menschen«. Ich traute ihr, begann nebenberuflich eine therapeutische Ausbildung und hatte große Freude daran. So kam es, dass ich mich entschied, noch Psychologie zu studieren. Anschließend arbeitete ich einige Jahre in meiner Münchner Praxis als Beziehungsberater und Paartherapeut. Auch diese Arbeit bereitete mir große Freude.

Doch irgendwann hörte ich wieder die Stimme: »Lass alles los in deinem Leben, und ziehe in die Welt«. Es war ein Prozess, bis es tatsächlich so weit war: Ich schloss meine Praxis und verkaufte all meine Habseligkeiten. So stand ich schließlich eines Tages mit meinem einzigen Besitz, einem Handgepäckrucksack, am Flughafen – und ein neuer Lebensabschnitt begann.

Aktuell lebe ich meistens auf Bali, und ich war noch nie so zufrieden mit meinem Leben und mir selbst. Natürlich habe ich auch mal einen schlechten Tag oder mich nervt etwas. Doch meine Zufriedenheit ist tiefer, echter und verglichen mit früher viel freier von externen Einflüssen. Und das fast ohne Konsum.

So kenne ich beide Seiten: die Suche nach dem Glück im Außen und die Suche nach diesem mehr in mir selbst.

Wenn Menschen einen Psychologen aufsuchen, geht es immer um die Vergrößerung der Zufriedenheit und die Verringerung von Schmerzen. Ich kenne daher nicht nur meinen persönlichen Weg, sondern habe viele Menschen auf ihrem Weg zu mehr Lebensglück begleitet.

Lass uns daher auf die Theorie und psychologischen Hintergründe des Konsums blicken und was dieser mit unserer Zufriedenheit zu tun hat.

WIR ALLE MÖCHTEN GLÜCKLICH SEIN

Wenn uns Menschen etwas eint, dann ist es die Suche und das Streben nach Zufriedenheit, Glück und Freude. Jeder hat dabei seine eigene Strategie, möglichst viel davon zu erleben und dabei gleichzeitig möglichst wenig Schmerzen zu empfinden: Wir können unser Glück in einer Partnerschaft suchen, im Besitz einer Uhrensammlung, in der Anerkennung und Bewunderung durch andere Menschen, in einer erfolgreichen Karriere, in Freundschaften, Hobbys oder im Elternsein.

Es gibt unzählige Möglichkeiten und Strategien, um Zufriedenheit zu erlangen. Ich kategorisiere diese gern in *Haben* und *Sein*. Auch wenn keine allgemeingültige Definition und Abgrenzung existiert, gibt es die folgende Tendenz:

- **Haben:** Das meiste, was wir besitzen, anfassen, verbrauchen oder essen können, wird dem *Haben* zugeschrieben. Wie zum Beispiel ein Haus, Auto, Kleidung oder Aktien und Geld.

- **Sein:** Das meiste, was wir tun und erleben, wird dem *Sein* zugeschrieben. Wie beispielsweise Lachen, Wissen, Freundschaften, Beruf, Berufung, Entwicklung, Soziales oder Reisen.

Lass uns zu Beginn einen kurzen Überblick über diese beiden Zustände und Ziele erlangen.

DAS GLÜCK IM HABEN SUCHEN

Jedes Lebewesen – ob Pflanzen, Tiere oder Menschen – konsumiert, solange es existiert. Nahrung, Wasser, Licht, Luft … Der Konsum dient dem Überleben. Um diesen lebensnotwendigen Konsum geht es nicht in diesem Buch. Auch nicht darum, dass wir ein Dach über dem Kopf brauchen, ein Bett, eine Küche oder etwas zum Anziehen. Es soll um den

Konsum gehen, der weit über diese Grundbedürfnisse hinausgeht. Die Abgrenzung fällt natürlich nicht immer leicht. Ab wann ist der Konsum nicht notwendig, wo ist die Grenze? Fängt es bei dem fünften T-Shirt oder erst dem neunten an? Reicht ein Fernseher in einer Familie mit fünf Personen aus, oder sind zwei oder drei notwendig?

Fest steht: In der westlichen Welt konsumieren die meisten Menschen mehr als das, was sie tatsächlich benötigen. Nach dem Motto: »Hast du was, bist du was«. Wir kaufen vieles, obwohl wir es nicht unbedingt benötigen oder häufig gar nicht konsumieren. Typische *Habens*-Ziele sind: Materielle Güter und/oder Geld zu besitzen oder zu bewahren. Die *Habens*-Ziele können an sich das Ziel sein. Wie beispielsweise ein Auto zu besitzen, um damit fahren zu können. Oder sie dienen einem weiteren Ziel: Wir möchten Geld besitzen, um uns später ein Haus kaufen zu können. Etwas zu haben, um damit später etwas anderes haben zu können.

Das *Haben* stellt den einen Weg dar, um glücklich zu sein oder zu werden. Wie erfolgreich dieser ist, sehen wir uns später an. Zunächst betrachten wir die andere Seite: das *Sein*.

DAS GLÜCK IM SEIN SUCHEN

Jedes Lebewesen – ob Pflanzen, Tiere oder Menschen – *ist*, solange es existiert. Neben dieser reinen Existenz gibt es viele Zustände oder Tätigkeiten, die dem *Sein* zugeschrieben werden: Erfahrungen, Erlebnisse, Lernen, Selbstverwirklichung, Zuhören, Meditieren, Sport oder Musizieren. *Sein* ist dabei kein Zustand des Verharrens oder Erstarrens, sondern bedeutet immer Veränderung – im Innen oder im Außen.

Beim *Sein* stehen keine materiellen Güter im Vordergrund, man kann sie nicht anfassen, riechen oder schmecken. Vielmehr sind es Zustände oder Ziele, manche davon kann man beobachten, manche nicht. Erich Fromm beschreibt sie folgendermaßen: »Es bedeutet, sich selbst zu erneuern, zu wachsen, sich zu verströmen, zu lieben, das Gefängnis des eigenen isolierten Ichs zu transzendieren, sich zu interessieren, zu lauschen, zu geben.«

Bei den *Seins*-Zielen ist es wie bei den *Habens*-Zielen: Sie können für sich allein stehen. Wie zum Beispiel wenn wir Sudoku spielen, einfach weil es uns Freude bereitet. Sie können auch eingesetzt werden, um ein anderes Ziel zu erreichen. Entweder ein *Habens*-Ziel (ich lerne eine neue Sprache, weil ich dadurch mehr verdienen kann) oder ein *Seins*-Ziel (ich lerne eine neue Sprache, weil ich mich damit in meinem Ehrenamt besser mit Menschen unterhalten kann).

HABEN UND SEIN LASSEN SICH NICHT EINDEUTIG ABGRENZEN

Die Grenze zwischen *Habens*- und *Seins*-Zielen ist dabei nicht eindeutig. Ein und dieselbe Sache können das eine oder andere als Ziel verfolgen. Wenn wir uns ein Klavier kaufen, wird der Besitz, also der Zustand, dem *Haben* zugeschrieben. Doch welches Ziel steht dahinter? Haben wir es als Anlageobjekt gekauft, da wir uns eine Wertsteigerung erhoffen, dann ist das Ziel des Besitzes das *Haben*. Wenn wir es jedoch gekauft haben, um damit zu spielen, steht hinter dem Besitz ein *Seins*-Ziel, das Klavierspielen. Du siehst, *Haben* und *Sein* schließen sich demnach nicht aus und sind häufig enger miteinander verknüpft, als wir auf den ersten Blick denken.

Ob wir unsere Zufriedenheit über das *Haben* oder *Sein* erreichen, ist immer abhängig von unserer Lebensgeschichte, der Gesellschaft, in der wir leben, unserem Selbstwert und den aktuellen inneren und äußeren Umständen.

ÜBER WELCHEN WEG WIR UNSERE ZUFRIEDENHEIT ERREICHEN MÖCHTEN

Einer der Hauptantreiber in unserem Leben ist es, unsere Bedürfnisse zu befriedigen. Das Ziel hinter dieser Bedürfnisbefriedigung ist immer ein Zugewinn an Freude, Zufriedenheit und Selbstwert sowie eine Verringerung von physischen oder psychischen Schmerzen und Unzufriedenheit. Es gibt verschiedene Modelle, um die menschlichen Bedürfnisse zu klassifizieren, das bekannteste ist wohl die Bedürfnispyramide von Maslow. In diesem Buch möchte ich jedoch mit einem anderen Modell arbeiten, den »6 Human Needs« von Tony Robbins. Diese sind laut dem amerikanischen Coach und Trainer unsere Antreiber, die uns motivieren. Nach diesem Ansatz gibt es sechs Bedürfnisse:

1. Bedürfnis nach Sicherheit
2. Bedürfnis nach Abwechslung und Unsicherheit
3. Bedürfnis nach Bedeutung und Anerkennung
4. Bedürfnis nach Liebe und Verbundenheit
5. Bedürfnis nach persönlichem Wachstum
6. Bedürfnis nach sozialem Beitrag

Üblicherweise hat jeder von uns zwei dieser sechs Bedürfnisse, die wichtiger sind als die anderen. Insbesondere jene beiden Bedürfnisse haben einen direkten Einfluss auf unser Leben: Was wir gern machen, was wir wenig mögen, was uns antreibt oder welche Ziele wir haben. Sie haben eins gemeinsam: Wenn wir diese erfüllen, erhöht sich dadurch unser Selbstwert und unsere Lebenszufriedenheit. Andersherum leiden wir darunter, wenn ein für uns wichtiges Bedürfnis nicht erfüllt wird.

Lass uns im Folgenden auf die sechs Bedürfnisse blicken und verstehen, wie diese mit unseren *Habens*- und *Seins*-Zielen zusammenhängen und durch diese erfüllt werden können. Warum thematisiere ich diese Fragestellung? Wenn wir uns selbst und unser Verhalten sowie die psychologischen Mechanismen hinter unseren Bedürfnissen besser durchschauen, können wir auch unseren daraus resultierenden Konsum besser verstehen.

Wenn eine Sache oder Tätigkeit drei oder mehr für uns wichtige Bedürfnisse erfüllt, tun wir es häufig trotzdem, auch wenn es gegen unsere Moral spricht. Nehmen wir als Beispiel das Fremdgehen: Wenn für uns die Bedürfnisse Abwechslung und Unsicherheit, Liebe und Verbundenheit sowie Bedeutung und Anerkennung sehr wichtig sind und wir in unserer Partnerschaft – aus welchen Gründen auch immer – langfristig keine Erfüllung finden, ist die Wahrscheinlichkeit hoch, dass wir eines Tages trotz unserer moralischer Bedenken in einem fremden Bett aufwachen.

DAS BEDÜRFNIS NACH SICHERHEIT

Bei etwa 80 Prozent aller Menschen steht das Bedürfnis nach Sicherheit, Vorhersehbarkeit, Kontrolle und Stabilität an oberster Stelle. Wenn dieses elementarste Bedürfnis nicht befriedigt ist, fällt es uns schwer, uns anderen Bedürfnissen zuzuwenden.

Wenn wir etwas besitzen, können wir darüber verfügen. Diese Planungssicherheit und der Kontrollgewinn sind dabei von Bedeutung. Einige Beispiele, wie wir Sicherheit mit dem *Haben* erreichen:

- Wir kaufen Markenkleidung, weil wir uns damit selbstbewusster und sicherer fühlen.
- Wir kaufen uns das neuste MacBook von Apple, weil wir wissen, dass wir damit zurechtkommen und es eine lange Lebensdauer hat.
- Wir sparen Geld oder investieren in Aktien.

Wie wir Sicherheit mit dem *Sein* erreichen können:

- Wir treffen uns am liebsten mit den drei gleichen Freunden, weil wir diese Begegnungen und Konversationen kennen und gut einschätzen können.
- Wir fliegen im Urlaub immer in das gleiche Hotel, weil diese gewohnte Umgebung uns Sicherheit gibt.
- Wir werden Beamte, jedoch nicht wegen des Berufes, sondern weil uns der Beamtenstatus Sicherheit verspricht.

DAS BEDÜRFNIS NACH ABWECHSLUNG UND UNSICHERHEIT

Das zweite Bedürfnis ist nicht zwingend ein Widerspruch zum ersten. Ein vollständig geplantes, kontrolliertes und vorsehbares Leben kann langweilig werden. Wir alle benötigen Herausforderungen, Abwechslung und möchten Neues erleben.

An welcher Stelle der sechs Bedürfnisse dieses steht, unterscheidet sich dabei von Mensch zu Mensch – und es muss auch nicht im Widerspruch zum ersten Bedürfnis, der Sicherheit, stehen.

Abwechslung können wir mit dem *Haben* folgendermaßen erreichen:

- Wir probieren in jeder Mittagspause ein neues Restaurant aus.
- Wir kaufen neue Klamotten, ein drittes Fahrrad oder ein weiteres Gesellschaftsspiel.
- Wir gehen alle paar Wochen zum Friseur und lassen uns einen anderen Haarschnitt verpassen.

Wie wir Abwechslung mit dem *Sein* erreichen:

- Wir besuchen einen Trommelkurs, lernen Qi Gong oder eine neue Fremdsprache.
- Wir reisen in ein unbekanntes Land, ohne uns vorher um ein Hotel und andere Dinge zu kümmern.
- Wir wechseln häufig die Arbeitsstelle.

DAS BEDÜRFNIS NACH BEDEUTUNG UND ANERKENNUNG

Wir alle haben das Bedürfnis, uns in unterschiedlicher Art und Weise wichtig, gebraucht, anerkannt oder einzigartig zu fühlen. Wie bei allen anderen »6 Human Needs« wird dieses bei uns allen individuell ausgelebt. Bedeutsamkeit können wir auf unterschiedliche Art erreichen: Manchmal erlangen wir sie, indem wir immer nett oder hilfsbereit sind, ein anderes Mal, indem wir uns über andere erheben, sie abwerten oder in Wettbewerb mit ihnen treten. Der soziale Vergleich spielt bei diesem Bedürfnis eine wichtige Rolle. Häufig möchten wir, dass uns andere anerkennen oder bewundern – ob uns bekannte oder fremde Menschen. Je wichtiger uns dieses Bedürfnis ist, desto mehr geht es um Perfektion, Ziele, Disziplin, Leistung und Konkurrenzkampf.

Wir können dieses Bedürfnis über das *Haben* befriedigen, indem wir uns einzigartig fühlen und zeigen, was wir haben:

- Wir kaufen Schuhe, welche uns selbst nur halbwegs gefallen, weil wir glauben, dass sie bei anderen Menschen gut ankommen.
- Wir gehen in das angesagteste Restaurant in der Stadt, nicht weil wir gespannt auf das Essen sind, sondern weil wir unseren Kollegen davon berichten möchten.
- Wir besitzen ein schnelles Auto, das neue Smartphone mit der guten Kamera oder eine Handtasche, die ein Supermodel bewirbt.

Auch das *Sein* kann uns helfen, uns bedeutsam zu fühlen. Dabei geht es darum, das zu zeigen, was wir können oder wie wir sind:

- Wir erlangen besondere Fähigkeiten wie einen hohen akademischen Titel, können die besten Witze erzählen oder sind immer für unsere Freunde da.
- Wir übertreiben eine harmlose Krankheit, um im Mittelpunkt zu stehen – Stichwort »Männerschnupfen«.
- Wir machen extravagante Reisen und posten die Eindrücke auf Instagram, um viele Likes zu erhalten.

Dabei kann es sein, dass wir all dies machen oder kaufen, um von anderen anerkannt zu werden. Ohne diese erhoffte Bestätigung von außen würden wir es wahrscheinlich nicht oder anders machen. Ein Großteil der Motivation würde eben wegfallen. Wenn wir unsere Bedürfnisse kennen, bedeutet das nicht, dass wir ihnen jederzeit nachjagen. Zum Beispiel jeden Tag ein oder zwei Stück Kuchen zu essen, weil dieser uns glücklich machen würde. Denn unsere Bedürfnisse stehen häufig in einem Zielkonflikt. Wenn wir zusätzlich schlank sein oder nicht so viel Zucker essen möchten, dann passt es nicht mit dem Wunsch, einen leckeren Apfel-Streusel-Kuchen zu genießen, zusammen. Das bedeutet, dass wir nicht sofort allen Bedürfnissen nachgehen, auch wenn sie uns kurzfristig zufrieden machen würden.

DAS BEDÜRFNIS NACH LIEBE UND VERBUNDENHEIT

Wir alle möchten ein Teil des Ganzen sein und mit anderen Menschen in Verbindung stehen, ob kollegial, freundschaftlich oder partnerschaftlich. Zugehörigkeit, Verbundenheit, Wärme oder Zärtlichkeiten sind wichtige menschliche Bedürfnisse. Wir wollen dazugehören und von bestimmten Menschen oder Gruppierungen gemocht, akzeptiert und geliebt werden – und wir möchten andere ebenfalls lieben.

Beispiele, wie wir Verbundenheit und Liebe durch das *Haben* erreichen:

- Wir tragen eine bestimmte Klamottenmarke, weil wir uns damit der jeweiligen Gruppe zugehörig fühlen.
- Wir schaffen uns einen Billardtisch an, damit wir Freunde einladen und Zeit mit ihnen verbringen können.
- Wir kaufen uns einen VW-Bus. Auf dem Campingplatz kommen wir somit schnell und einfach in Verbindung mit anderen Menschen.

Auch über das *Sein* können wir das Bedürfnis nach Verbundenheit stillen:

- Wir fühlen uns beim Schwimmen im Meer oder einem Waldspaziergang mit der Natur verbunden.
- Wir gehen eine Partnerschaft ein oder pflegen unsere Freundschaften.
- Wir treten der Freiwilligen Feuerwehr, einem Tanzklub, dem Kleintierzüchterverein oder einer Motorradgang bei.

Den eben genannten ersten vier Bedürfnissen gehen alle Menschen nach – in unterschiedlicher Ausprägung. Sie bilden eine wichtige Basis für unsere Persönlichkeit und unseren Charakter.

Viele unserer Entscheidungen und Verhaltensweisen beruhen darauf. Unser Ego spielt dabei eine größere Rolle, verglichen mit den beiden folgenden Bedürfnissen: dem persönlichen Wachstum und sozialen Beitrag. Je mehr wir persönlich oder spirituell wachsen, desto wichtiger werden diese zwei letzten Bedürfnisse. Sie legen dabei das Fundament für mehr Lebensglück und sind die Basis für unsere Selbstverwirklichung. Je besser unser Selbstwert ist, desto wichtiger werden für gewöhnlich diese beiden Bedürfnisse.

DAS BEDÜRFNIS NACH PERSÖNLICHEM WACHSTUM

Leben bedeutet Entwicklung und Wachstum. Sobald wir uns nicht verändern und weiterentwickeln, folgt seelischer Stillstand. Häufig ist es so: Wenn wir lange Zeit stillstehen, zwingt uns das Leben mit Herausforderungen oder Krisen zur Weiterentwicklung. Das kann emotionales, intellektuelles, moralisches und spirituelles Wachstum sein. Je mehr wir in der Regel die ersten vier Bedürfnisse befriedigt haben, und je deutlicher wir erfahren oder erkannt haben, dass wir durch deren Erfüllung allein nicht nachhaltig glücklich werden, desto mehr befassen wir uns mit Persönlichkeitsentwicklung. Häufig führen einschneidende Lebensereignisse erst dazu, dass wir uns überhaupt auf tiefer Ebene für uns selbst interessieren – anfangs oft nicht ganz freiwillig. Es geht bei diesem Bedürfnis um all die Dinge, bei welchen wir in unser persönliches Wachstum investieren und danach streben, neue Erkenntnisse über Gott und die Welt zu erlangen.

Wie wir das durch *Haben* erreichen können:

- Wir kaufen einen Beziehungsratgeber, um eine erfülltere Partnerschaft zu führen.
- Wir essen gesundes Essen, weil wir uns damit Vitalität und Gesundheit versprechen.
- Wir besorgen uns einen neuen Laptop, weil wir mit diesem entsprechende Online-Kurse leichter ansehen können.

Auch auf der Ebene des *Seins* können wir unser Bedürfnis nach Wachstum stillen:

- Wir meditieren, um ruhiger und gelassener zu werden.
- Wir wenden uns neuen Lebensbereichen zu, wir belegen beispielsweise einen Kurs zum Thema Gärtnern.
- Wir machen Grenzerfahrungen, wie ein zehntägiges Schweigeseminar.

DAS BEDÜRFNIS NACH SOZIALEM BEITRAG

Einen Beitrag zum Allgemeinwohl zu leisten ist das sechste Bedürfnis. Dieses steht demnach immer im Bezug zu anderen: der Natur, den Tieren oder Menschen. Es geht darum, anderen zu helfen, zu unterstützen oder etwas zu geben. Somit befasst sich dieses Bedürfnis immer mit etwas Größerem als nur mit uns selbst.

Dieses Bedürfnis können wir mit dem *Haben* beispielsweise folgendermaßen befriedigen:

- Wir kaufen im teureren Tante-Emma-Laden um die Ecke ein, weil wir dieses Familienunternehmen bewusst unterstützen möchten.
- Wir kaufen Fair-Trade-Tee, weil wir kleine Bauern in Sri Lanka unterstützen oder essen Bio-Eier, weil wir den Hühnern bessere Lebensbedingungen ermöglichen möchten.
- Wir geben ein großzügiges Trinkgeld, spenden Geld für ein Waisenhaus in Ghana oder finanzieren eine Parkbank im Münchner Westpark.

Über das *Sein* haben wir ebenfalls viele Möglichkeiten, einen Beitrag zu leisten:

- Wir schenken Menschen unsere Aufmerksamkeit, bei welchen alle anderen vorbeilaufen.
- Wir unterstützen Menschen beim Umzug, den Bewerbungsunterlagen oder bei der Pflaumenernte.
- Wir werden Eltern.

> Möchtest du wissen, welches der »6 Human Needs« dein wichtigstes ist? Auf meiner Website findest du einen Test, mit dem du das herausfinden kannst: wielandstolzenburg.de/human-needs

So weit ein Überblick der »6 Human Needs« und wie das *Haben* und *Sein* uns bei deren Befriedigung unterstützen können. Möglicherweise hast du beim Lesen bereits erkannt, dass ein und dasselbe *Haben* oder ein oder dasselbe *Sein* verschiedene Bedürfnisse erfüllen kann. Anhand zweier Beispiele möchte ich dies verdeutlichen. Für das Haben nehmen wir exemplarisch den Besitz einer Villa.

- **Sicherheit:** Wir können Sicherheit erlangen, um endlich unsere Ruhe vor lauten Nachbarn zu haben oder um keine übermäßige Miete an irgendwen zu bezahlen.

- **Abwechslung und Unsicherheit:** Der Kauf einer Villa bringt Abwechslung. Neue Gegend, neue Herausforderung, neue Einrichtung. Sie erlaubt uns ebenfalls Abwechslung, wie in verschiedenen Räumen zu schlafen oder den Garten frei zu nutzen.

- **Bedeutung und Anerkennung:** Wir besitzen die Villa, um sie anderen zu zeigen, um Bewunderung oder Anerkennung zu erhalten.

- **Liebe und Verbundenheit:** Die Villa ermöglicht uns, unsere Familie und unsere Freunde zum Sommerfest oder zu anderen gemeinschaftlichen Aktivitäten einzuladen.

- **Persönliches Wachstum:** Wir haben ausreichend Platz, um unserem Hobby, dem Malen nachzugehen oder wir können ungestört im Garten meditieren oder Yoga praktizieren.

- **Sozialer Beitrag:** Die Villa ermöglicht uns, andere Menschen zu beherbergen, die sich beispielsweise selbst keinen Urlaub leisten könnten.

Auch ein und derselbe *Seins*-Zustand kann alle sechs Bedürfnisse befriedigen. Als Beispiel nehmen wir hier den Beruf eines Therapeuten.

- **Sicherheit:** Für die meisten therapeutischen Berufe wird es, unabhängig von der Digitalisierung und den Wirtschaftskrisen, immer eine Nachfrage geben. Insbesondere als zugelassener psychologischer Psychotherapeut haben wir – über die Finanzierung der Krankenkassen – genügend Klienten.
- **Abwechslung und Unsicherheit:** Wir können als Therapeut in verschiedenen Bereichen arbeiten: In einer eigenen Praxis, in einer Klinik, im In- und Ausland. Zudem stehen wir jeden Tag mit anderen Menschen in Kontakt.
- **Bedeutung und Anerkennung:** Als Therapeut können wir uns von unseren Klienten gebraucht fühlen oder erhalten Anerkennung von Menschen, die diesen sozialen Beruf im Allgemeinen bewundern oder wertschätzen.
- **Liebe und Verbundenheit:** Wir kommen in Kontakt mit Menschen, ob mit unseren Klienten, in Gruppentherapien oder mit Kollegen in der Supervision. Zudem haben wir immer ein Gesprächsthema beim Small Talk oder unter Freunden.
- **Persönliches Wachstum:** Als Therapeut sind wir jederzeit in Kontakt mit uns selbst und ständig aufgefordert, uns zu reflektieren und persönlich zu wachsen.
- **Sozialer Beitrag:** Wir können als Therapeut einen Beitrag zu einer besseren Welt leisten, indem wir andere Menschen begleiten, Wunden zu heilen und zu mehr Lebenszufriedenheit zu kommen.

Spannend, dass nahezu jeder Besitz und jede Tätigkeit jedes der sechs Bedürfnisse abdecken kann, oder? Als Außenstehende können wir demnach nur eine Idee bekommen, aufgrund welches Bedürfnisses andere Menschen etwas tun. Meist verhalten wir uns so, dass wir uns für die Dinge entscheiden, welche unsere zwei Hauptbedürfnisse und/oder weitere wichtige Bedürfnisse auf einmal erfüllen.

Wir Menschen haben die Fähigkeit zu planen und Zukünftiges zu berücksichtigen. Nehmen wir an, wir sind momentan Single, wünschen uns jedoch eine erfüllende Partnerschaft. Angenommen, wir haben grundsätzlich keine Freude an sportlichen Betätigungen, machen wir möglicherweise trotzdem Sport. Warum? Weil unsere Bedürfnisse Zielhierarchien haben.

Unser höchstes Ziel ist in diesem Fall, eine Beziehung zu führen. Wenn wir den Eindruck haben, mit ein paar Kilos weniger auf den Rippen leichter einen Partner zu finden, zwingen wir uns vielleicht zum morgendlichen Joggen, obwohl uns das überhaupt keine Freude bereitet und kurzfristig kein Bedürfnis befriedigt. Doch was uns antreibt, ist der letzte Aspekt in der Zielhierarchie: Eine erfüllende Beziehung.

> Unterschiedliche Motive und Bedürfnisse drängen uns dazu, etwas zu *haben* oder zu *sein*. Die sechs Bedürfnisse des »6 Human Needs«-Modells können wir dabei durch *Haben* oder *Sein* befriedigen. Je mehr uns das gelingt, desto glücklicher werden wir.

DIE NACHHALTIGKEIT DIESER STRATEGIEN ZUM GLÜCK

Wie wir gesehen haben, besitzen wir alle unterschiedliche Strategien, um unsere Bedürfnisse zu befriedigen – um eben viel Freude und wenig Schmerzen zu erleben. Was uns selbst glücklich macht, hängt stark von unseren zwei Hauptbedürfnissen ab – wie zum Beispiel der beschriebenen Sicherheit oder Liebe und Verbundenheit. Auch der aktuelle Kontext spielt eine Rolle oder unsere Tagesverfassung.

Ich stelle mir dabei immer die Frage, ob unsere Strategien nachhaltig sind, also zu einer anhaltenden Zufriedenheit führen. Im folgenden Abschnitt blicken wir auf verschiedene Aspekte dieses Themas.

DER KONSUM BESTIMMT UNSER LEBEN UND UNSER DA-SEIN

Die Erfüllung unserer Bedürfnisse können wir wie erläutert über Zustände des *Habens* oder *Seins* erreichen. Beide haben ihre Berechtigung. Das *Haben* stellt eine wichtige Basis eines glücklichen Lebens dar – Stichworte Grundbedürfnisse wie Nahrung, Schlafplatz, Kleidung und Co. Doch damit geben wir Menschen uns meistens nicht zufrieden und konsumieren deutlich mehr, als wir es zu einem guten Leben bräuchten. Häufig, weil wir glauben, dass uns mehr Besitz glücklicher macht oder unser Leben vereinfacht.

Lass uns zunächst darauf blicken, warum sich viele Menschen mehr auf das *Haben* fokussieren. Diese Strategie fällt in der Regel leichter, aber warum ist das so?

- **Einfach:** Etwas zu kaufen bzw. zu konsumieren ist wesentlich leichter, als uns mit dem *Sein* auseinanderzusetzen.
- **Verfügbar:** Konsum ist jederzeit verfügbar und überall möglich.

- **Kurzfristig:** Etwas zu kaufen befriedigt unser Bedürfnis sofort, ohne Verzögerung. Bei vielen *Seins*-Zuständen dauert das länger.
- **Konkret:** *Habens*-Ziele und -Zustände sind konkret. Wir können diese meist sehen oder uns darunter etwas vorstellen. Da uns konkrete Ziele mehr motivieren als diffuse, verfolgen wir sie eher als *Seins*-Ziele.
- **Erlernt:** Schon als kleine Kinder lernen wir: Wenn wir etwas gut machen, werden wir dafür belohnt – meist mit materiellen Kleinigkeiten. Dieser Belohnungscharakter prägt uns und wirkt meist das ganze Leben lang.

Die Befriedigung über den Konsum bringt demnach einige Vorteile. Selbstverständlich müssen wir vorher etwas tun, damit wir die benötigten Ressourcen besitzen. Meist erfolgt das über den Weg, einen Beruf zu erlernen und anschließend Geld zu verdienen.

Geld steht meist für das, was uns früher einmal gefehlt hat. Wenn wir in unserer Kindheit zu wenig Anerkennung erhalten haben, suchen wir im Erwachsenenalter mit Unterstützung des Geldes, möglichst viel davon zu bekommen. Wenn uns Sicherheit oder Kontrolle gefehlt haben, versuchen wir diese über Geld zu erhöhen und zu erhalten.

Wenn wir etwas konsumieren, ist das häufig nicht das Ende, denn das *Haben* zwingt uns zu noch mehr *Haben*. Wenn wir immer mehr Schuhe besitzen, brauchen wir verschiedene Reinigungsmittel, Bürsten und Schuhcremes, dann ein neues Schuhregal und irgendwann eine größere Wohnung. Damit das neue Zimmer nicht so leer ist, kaufen wir noch weitere Möbel und Accessoires. Oder wenn wir uns ein größeres Auto anschaffen, steigen die Unterhaltskosten für Inspektion, Reifenwechsel oder Versicherungen. Um das finanzieren zu können, benötigen wir mehr Geld – der nächste Karriereschritt muss her. Damit gelangen wir noch tiefer in ein Hamsterrad ... Ich sage dazu immer: Was du besitzt, besitzt dich.

Der soziale Vergleich spielt dabei eine wichtige Rolle. Was hat mein Nachbar oder mein ehemaliger Studienkollege, und was kann ich vorzeigen? Insbesondere wenn unser Lebensstandard immer weiteransteigt – größeres Haus, teurere Autos, exklusivere Reisen oder Hobbys – fällt es uns schwer, wieder Schritte rückwärtszugehen. Das sehen wir selbst als auch andere Menschen für gewöhnlich als persönliches Scheitern und Versagen an. Der eigene Wert ist sehr eng mit dem Konsum beziehungsweise Besitz verknüpft. Es muss dabei jedoch nicht ausschließlich um größer, schneller und besser gehen. Ein durchgerostetes Auto oder ein uraltes Handy kann auch ausdrücken: Ich bin anders und zeige das. Ohne Besitz fühlen wir uns oft leer. Wir definieren uns meist über Geld, Ruhm, Status oder Wissen und sind somit stark mit diesen in der Vergangenheit angehäuften Dingen verbunden. Sie stellen häufig den Hauptbestandteil unseres Ichs da, unsere Existenz. Doch wer sind wir, wenn wir das alles plötzlich verlieren würden? Was bliebe übrig von uns und unserer Identität?

Eine weitere Rolle spielt dabei die Werbung. Diese gaukelt uns normalerweise eine Welt vor, die es so nicht gibt: Alles ist möglich, schön und entspannt. Wenn wir doch nur dieses Produkt haben könnten, dann haben wir wirkliche Freude am Leben, wenn wir das besitzen, dann wird das Leben leichter oder wenn wir jenes kaufen, mögen uns die anderen. Das Marketing verkauft meistens eine Illusion. Die Illusion, dass wir uns mit diesem oder jenem Produkt selbst finden oder neu erfinden – und dann endlich glücklich sind. Marken bilden heutzutage für viele junge Menschen eine wichtige Identität, die früher mehr in der Religion oder in Gemeinschaften gesucht und gefunden wurde. Konsum und Besitz ist somit zu einem wichtigen Sinngeber und Halt geworden.

Eine Fokussierung auf das *Haben* hat nach Erich Fromm eine Auswirkung auf ganze Gesellschaften. Er hat zu dem Thema das Standardwerk »Haben oder Sein« geschrieben. In diesem beschreibt er, dass Gesellschaften, bei welchen das *Haben* im Vordergrund steht, das Streben nach Ansehen, Macht und Erfolg in den Mittelpunkt stellen. Ebenso ist der

Egoismus und die Rivalität ausgeprägter. Menschen, die nach dem *Haben* streben, sind häufiger besorgt, diese Dinge zu verlieren. Auch deswegen häufen sie immer mehr an.

Nach Fromm stehen dagegen in Gesellschaften mit der Fokussierung auf das *Sein* das Miteinander, die Menschlichkeit und die Solidarität mehr im Mittelpunkt. Die Menschen leben mehr im gegenwärtigen Augenblick und sind glücklicher. Wir in den westlichen Ländern streben eindeutig mehr nach dem *Haben*. Das bekommen wir quasi mit der Muttermilch mit: Strebe nach Besitz und Erfolg, und finde dort deine Erfüllung. Da das so normal ist und fast alle so machen, stellen viele dieses Lebensmodell und diese Lebensziele nie infrage.

Auch in vielen Hollywoodfilmen und Profilen in sozialen Netzwerken erhalten wir den Eindruck, dass Konsum glücklich macht: Uns wird eine glückliche und paradiesische Welt vorgespielt, die in der Realität nicht existiert. Es wird uns ein kleiner Ausschnitt eines vielfältigen Lebens vorgespielt. Doch das reale Leben ist bei uns allen mit Höhen und Tiefen oder auch mit Langeweile und Stagnation verbunden. Indem wir die vermeintlich perfekte und schöne Welt der Stars und Sternchen sehen, meldet sich unser Verstand: »Das möchte ich auch.« Dabei kommt immer der gleiche Mechanismus zum Tragen, es ist wie ein Spiel. Es ist das meist gespielte Spiel der Welt. Wir alle spielen dabei mit, häufig, ohne es zu bemerken. In diesem Spiel sind wir die Spielfiguren, wir machen mit, weil es uns Erfüllung und Zufriedenheit verspricht.

Das Spiel geht so:

- Wenn ich diesen neuen Bikini habe – am besten mit der passenden Figur – dann bin ich sexy und begehrt.
- Wenn ich mir das neue iPhone leisten kann, dann bin ich etwas wert.
- Wenn nach langem Sparen endlich die neue Mercedes Benz C-Klasse vor meiner Haustür steht ...

Du siehst, es bedarf immer ein *Wenn*, damit sich mit dem *Dann* endlich das Glück einfindet. Darum nenne ich es das *Wenn-Dann-Spiel*. Dem Sieger des Spiels wird viel versprochen. Doch können wir diesem Versprechen trauen? Die Frage suggeriert bereits die Antwort: Nein! Denn das Problem ist Folgendes: Das Spiel lebt von der Hoffnung und Erwartung, beim nächsten Schritt endlich im letzten Level anzukommen: In der Glückseligkeit. Sie liegt dabei immer in der Zukunft. Für kurze Zeit bekommen wir sie zu fassen, doch dann lässt sie nach, und unser Verstand meldet sich. Er möchte auf das nächste Level, um dort das Ziel dann wirklich zu erreichen. Wir spielen also weiter: »Wenn ich nur noch erfolgreicher wäre, mir noch dies oder jenes leisten und kaufen könnte, dann wäre ich wirklich zufrieden.«

Wir rennen dem Glück hinterher, weil wir es immer in der Zukunft sehen. Ein Fass ohne Boden, das berühmte Hamsterrad. Wenn wir es genau betrachten, wird deutlich, dass wir dieses Spiel nie gewinnen werden. Das geht nicht, weil es unendlich viele Level gibt. Das zu erkennen, ist der erste Schritt. Dieses Spiel kann uns nicht zufriedenstellen. Bei diesem Spiel gehen wir leer aus. Aus diesem Hamsterrad kommen wir nicht heraus, wenn wir einfach immer mehr konsumieren oder besitzen wollen. Denn sobald wir ein Ziel erreicht haben, folgt das nächste. Es ist also das Gegenteil von nachhaltig. Vielmehr dreht sich dieses Rad schneller und schneller. Und wir müssen immer mehr tun und konsumieren, um das Glückslevel aufrechtzuerhalten. Weil das natürlich nicht ständig gelingt, vermuten wir häufig, dass wir etwas falsch machen im Leben, nicht gut genug sind oder uns nicht genügend anstrengen. Doch nicht wir sind »falsch«, das Spiel mit seinen Regeln und Versprechen ist es.

Mit diesen Gedanken möchte ich nicht behaupten, dass Konsum, Besitz und Geld grundsätzlich schlecht sind. Sie können uns unter Umständen glücklicher machen. Wenn jemand unfreiwillig nahezu nichts besitzt, stellt das *Haben* eine zentrale Bedeutung dar und hat einen großen Einfluss auf die Lebenszufriedenheit. Geld stellt eine wichtige Ressource da, um unsere Grundbedürfnisse zu decken, es kann uns unabhängiger machen und uns vieles ermöglichen. Es geht vielmehr um den Überkonsum, wie auch die folgende buddhistische Weisheit verdeutlicht:

> **Konsum macht nicht glücklich. Die Menge dessen, was jemand konsumieren kann, ist sehr begrenzt. Ein Millionär hat auch nur zehn Finger, um Ringe dranzustecken.**

Interessant ist außerdem, was die Forschung zu dem Zusammenhang zwischen Glück und Besitz sagt – unter der Annahme, dass unsere Grundbedürfnisse ausreichend gedeckt sind. Helga Dittmar und Kollegen haben dafür 250 Studien zum Thema Glück untersucht. Diese Metanalyse aus dem Jahr 2004 zeigt auf, dass Materialisten im Durchschnitt weniger glücklich sind. Je mehr Menschen glauben, dass Materielles und Geld sie glücklich machen, desto unzufriedener waren sie im Durchschnitt mit ihrem Leben. Zum Teil erklären es die Forscher damit, dass diese Menschen ständig eine große Differenz zwischen dem Ist- und Soll-Zustand in ihrem Leben erfahren – da sie ja immer noch mehr möchten. Die Erinnerung daran, was man alles doch noch nicht hat, macht verständlicherweise unzufrieden. Zudem arbeiten Materialisten für gewöhnlich mehr und länger, um sich all das leisten zu können, was sie konsumieren möchten. Damit haben sie weniger Zeit für andere Dinge, die zu einem nachhaltigeren Glück führen können.

In einer anderen Studie aus dem Jahr 2012 haben Samuel Alexander und Simon Ussher Folgendes über Minimalisten herausgefunden: 87 Prozent der befragten Probanden fühlten sich besser, nachdem sie weniger und bewusster konsumierten. Bei 13 Prozent hatte sich nichts verändert, und nur 0,3 Prozent fühlten sich durch diesen Lebenswandel schlechter.

Angenommen, wir suchen aufgrund eines Burn-outs bei einem Psychologen oder Therapeuten Unterstützung. Würde uns dieser die Empfehlung geben, uns etwas zu kaufen, damit wir uns besser fühlen? Wohl nicht ... Vielmehr würde er uns – unter anderem – darin begleiten, *Seins*-Ziele zu finden, die uns Freude bereiten und uns stärken.

Was bedeuten diese Erkenntnisse und Ergebnisse nun? Es heißt doch, dass wir unsere Zufriedenheit nicht ausschließlich im Kauf, Konsum und Haben von Dingen finden können. Doch wenn der Weg des *Habens* nur bedingt zielführend ist, was dann? Können wir dann durch *Seins*-Zustände und -Ziele eine nachhaltige Lebenszufriedenheit erreichen, nach der wir alle streben? Häufig vermuten wir, dass das leichter gelingt, doch ist das tatsächlich so?

Das *Wenn-Dann-Spiel* gilt nicht nur für den Konsum in Bezug auf das *Haben*. Auch *Seins*-Zustände können wir konsumieren und unterliegen damit dem gleichen psychologischen Mechanismus:

- Wenn ich mein Studium abgeschlossen habe, dann bin ich glücklich.
- Wenn ich verheiratet bin oder Kinder habe, dann bin ich endgültig angekommen.
- Wenn ich mindestens 10.000 Follower habe, dann bin ich erfolgreich und zufrieden.

Auch hier rennen wir dem Glück hinterher, weil es meist in der Zukunft liegt. Für eine Zeit erfüllt es uns, doch dann beginnt die Suche wieder von vorn. Solange wir bei diesen *Seins*-Zuständen etwas oder jemand Externes zur Befriedigung benötigen, spielen wir das gleiche Spiel. Doch im Vergleich zu den meisten *Habens*-Zuständen, gibt es viele *Seins*-Zustände, die uns nachhaltig zufriedenstellen können.

Damit kommen wir zu einer zentralen Differenzierung, die sowohl für das *Sein* als auch für das *Haben* gilt: Wodurch werden wir motiviert?

EXTRINSISCHE UND INTRINSISCHE MOTIVATION

Blicken wir zunächst auf die Differenzierung: Bei der *extrinsischen* Motivation wird diese von etwas Externem angeregt. Wir tun etwas, weil uns Anreize wie Geld, Lob oder Anerkennung motivieren – oder um einer Strafe zu entgehen.

Wir möchten mit unserem Verhalten etwas in der Zukunft erreichen. **Das übergeordnete Ziel ist das Ziel.**

- Wir lernen ein Instrument, weil wir damit später Geld verdienen können.
- Wir gehen auf eine Party, um allen zu zeigen, wie trinkfest wir sind.
- Wir kaufen ein Fachbuch, um mit dem neuen Wissen weiter auf der Karriereleiter nach oben steigen zu können.
- Wir gehen ins Yoga, um anderen zu zeigen, welchen flexiblen und wohlgeformten Körper wir haben.

Die andere Motivation wird als die *intrinsische* bezeichnet. Diese wird in der Psychologie als die Freude an der Tätigkeit selbst bezeichnet. Wir machen etwas um der Sache willen und nicht, weil wir damit die Möglichkeit haben, ein anderes Ziel zu erreichen. **Der Weg ist das Ziel.**

- Wir lernen ein Instrument, weil uns das Spielen erfüllt.
- Wir gehen auf eine Party, weil wir Freude am Tanzen haben.
- Wir kaufen ein Buch, weil wir Freude am Lesen haben.
- Wir gehen ins Yoga, weil wir während dieser Zeit unseren Körper wahrnehmen und aus dem Gedankenkarussell herauskommen.

> Zusammengefasst bedeutet das: Bei der **extrinsischen Motivation** benötigen wir etwas oder jemand anderen für unser Glück – wir sind abhängig davon.
>
> Bei der **internen Motivation** kommt die Zufriedenheit aus der Betätigung und aus uns selbst heraus. Wir benötigen keine externe Bestätigung für unser Sein.

Sheldon und Kollegen (2004) haben in einer Studie herausgefunden, dass intrinsisch motivierte Menschen zufriedener mit ihren Tätigkeiten sind, ihre Ziele hartnäckiger verfolgen und sich über das Ziel mehr freuen als extrinsisch motivierte. Zudem trifft sie Misserfolg weniger, was nicht erstaunlich ist.

Diese Unterscheidung der Motivation ist in meinen Augen wesentlich, wenn wir wirklich nachhaltig zufrieden sein möchten. Wenn wir hauptsächlich von äußerlichen Dingen oder der Bewertung anderer abhängig sind, stecken wir in einem weiteren Hamsterrad fest. Denn wir suchen das Glück im Außen. Da es fast alle Menschen so machen, vermuten wir, dass das der richtige und beste Weg sein wird. Doch er macht uns abhängig – weil wir immer eine externe Befriedigung, Rückmeldung oder Bewunderung benötigen.

Was bedeuten all diese Erkenntnisse und Ergebnisse nun? Es bedeutet, dass wir zufriedener werden, wenn wir mehr intrinsisch motivierte Dinge machen und unseren Konsum ebenfalls darauf ausrichten: Dinge zu kaufen, zu konsumieren oder zu tun, die uns intrinsisch motivieren.

WARUM WIR IM KONSUM DAS GLÜCK SUCHEN

Wenn wir wirklich erkennen möchten, warum wir viele Dinge konsumieren, kommen wir nicht umhin, uns ehrlich zu betrachten und die Hintergründe unseres Handelns zu hinterfragen. Denn das Konsumieren – ob nun ein Kauf oder eine Tätigkeit – stellt in vielen Fällen lediglich eine Ersatzbefriedigung dar.

Nicht selten hilft diese uns,

- unseren Selbstwert zu stabilisieren oder zu erhöhen,
- unbefriedigte Bedürfnisse auszugleichen,
- unangenehme Gefühle zu betäuben und diesen zu entkommen oder
- psychische Defizite zu überdecken.

Das klingt nicht sehr attraktiv. Daher kostet es Überwindung, selbst ehrlich in den Spiegel zu blicken – wenn wir denn bereit dazu sind. Die kurzfristige Befriedigung durch Konsum ist häufig eine einfache Art der Ablenkung, anstatt uns tatsächlich mit uns und unseren Herausforderungen, Gefühlen oder Verletzungen zu befassen.

Ein ähnlicher Mechanismus wie beim Konsum geschieht bei Drogensüchten. Menschen, die beispielsweise alkohol- oder kokainabhängig sind, entkommen in den Momenten des Rausches der realen, unangenehmen Welt. Sie haben für diese Zeitspanne die Ruhe vor ihrem Innenleben – ob vor Ängsten, traumatischen Erinnerungen oder psychosozialen Konflikten. Es ist eine Flucht. Nachhaltig kann kein Mensch über diese Strategie zufrieden und erfüllt sein. Vielmehr führt dieser destruktive Lösungsansatz zum Gegenteil des Erwünschten: Die Menschen gewöhnen sich an die Droge und benötigen immer mehr, um für einige wenige Momente aus dem Schmerzzustand zu gelangen. Die wahre Ursache bleibt bestehen, denn das Problem dahinter wurde nicht gelöst.

Ähnlich verhält es sich beim übermäßigen und unüberlegten Konsum. Wie beschrieben unabhängig davon, ob wir etwas kaufen oder zum Beispiel Anerkennung konsumieren. Wir flüchten quasi vor uns selbst und den Themen, die aufkommen würden, wenn wir ihnen die Möglichkeit dazu gäben. Auf dieser Flucht vor uns selbst ist Konsum ein idealer Helfer.

Doch warum fällt es nur so schwer, uns mehr mit unserer Innenwelt auseinanderzusetzen?

- Weil wir oft nicht wissen, wie wir mit unangenehmen Gefühlen umgehen sollen,
- weil wir keine anderen Lösungsstrategien erlernen konnten,
- weil es uns von nahezu allen anderen so vorgelebt wird,
- und weil es der vermeintlich einfachste Weg ist, unseren Selbstwert zu stabilisieren oder zu vergrößern.

Wie selten haben wir in der westlichen Welt überhaupt noch einen Augenblick der Ruhe – ohne Musik, TV, Ablenkung, Aufgaben ...? Sogar auf der Toilette ist das Smartphone präsent, und so vergeht eine weitere Möglichkeit der Stille und des Nach-innen-Lauschens. Das ist ein Kreislauf, der immer schwerer zu durchbrechen ist, weil wir immer mehr verlernen, zur inneren Ruhe zu finden und uns in voller Tiefe zu spüren.

In der Gegenwart wirklich präsent zu sein – ohne externe Einflüsse – kostet daher mehr Kraft, als eine neue Handtasche zu kaufen. Letzteres ist wesentlich leichter.

**Es ist und bleibt eine Illusion,
wenn wir uns über den Konsum ein glückliches
und perfektes Leben erschaffen oder erkaufen möchten.**

Wie ein Lückenfüller. Sobald wir eine Lücke gefüllt haben, steigert sich für einen kurzen Moment unser Selbstwert. Doch gleichzeitig öffnet sich irgendwo eine andere, denn das Bedürfnis der Lücke ist nicht Konsum.

Wie erkennen wir aber, ob wir mit einem Konsum etwas kompensieren möchten oder wir damit wirklich ein wichtiges Bedürfnis befriedigen? Diese Frage kann ich am besten mit der Lieblingsantwort von uns Psychologen beantworten: »Es kommt darauf an ...«

Es liegt tatsächlich an unglaublich vielen Faktoren, einige wichtige sind für mich die Folgenden: Zum einen geht es darum, dass du für dich herausfindest, welches Ziel du mit einem Konsum verfolgst. Was versuchst du, damit zu erreichen? Machst du es für dich oder wegen anderen, und bist du intrinsisch oder extrinsisch motiviert? Zum anderen geht es darum, wie frei du bist, es nicht zu konsumieren. Brauchst du es auf jeden Fall für deine Zufriedenheit oder deinen Selbstwert? Wie würdest du dich fühlen, wenn du keine Likes für deine Social-Media-Posts bekommen würdest? Was würde passieren, wenn du nicht die neuesten Schuhe oder Klamotten tragen würdest? Wie fühlt es sich an, wenn deine Freunde zu dir nach Hause kommen und deine Einrichtung nicht wirklich modern wäre?

Aus der Hirnforschung weiß man, dass beim Konsum unser Belohnungssystem eine wichtige Rolle spielt. Dopamin wird ausgeschüttet – wie auch in der Verliebtheitsphase oder eben bei Spiel- oder Alkoholsüchten. Der Neurotransmitter führt zu Glücksgefühlen. Die Biologie hat beim Konsum demnach einen direkten Einfluss auf unser Verhalten. Wie beim Verliebtsein wirkt diese Glückserhöhung jeweils nur kurzfristig. Ein weiterer Trugschluss ist folgender:

> **Wir verändern uns durch das ständige Konsumieren nicht wirklich. Denn egal was wir kaufen, konsumieren oder besitzen, wir selbst bleiben der gleiche Mensch.**

Mit all unseren Sehnsüchten, unseren Fähigkeiten, unseren Wunden oder unseren Bedürfnissen. Die Sehnsüchte werden zwar kurzfristig befriedigt, die Wunden kurz verdeckt. Das Außen hat sich mit einem neuen Like oder einem neuen Fernseher verändert, doch wir im Innen nicht wirklich. Häufig entfernen wir uns sogar noch weiter von uns selbst, wenn wir den Großteil unserer Zufriedenheit im Außen suchen. Denn es ist der falsche Ort, um diese nachhaltig zu finden. Unsere Identität ist eben nicht das, was wir haben. Auch wenn wir innerlich zu sehr an dem *Habens-* oder *Seins-*Konsum haften, machen wir uns das Leben langfristig gesehen damit selbst schwerer. Wir sind abhängig von dessen Erfüllung oder Besitz. Wenn wir es haben, machen wir uns Sorgen über den Verlust. Es macht dabei einen großen Unterschied, ob wir sagen: »Ich kann ohne das nicht leben«, oder »Ich kann ohne es sehr gut leben, möchte es aber nicht«.

Je mehr wir mit dem *Haben* oder *Sein* emotional verhaftet sind, desto größer ist die Macht des Konsums auf uns und unser Lebensglück.

Was bedeuten diese Gedanken nun für unser alltägliches Leben? Die Hauptaussage besteht darin, dass bestimmte Verhaltensweisen tendenziell zu einer länger anhaltenden und tieferen Zufriedenheit führen:

- Wir werden glücklicher, wenn wir uns mehr den *Seins-*Zuständen und -Zielen zuwenden – und weniger dem *Haben*.
- Wir werden glücklicher, wenn wir Dinge aus einer intrinsischen Motivation unternehmen – und nicht aus einer extrinsisch motivierten.
- Wir werden glücklicher, wenn wir an Dingen, die wir besitzen und konsumieren, weniger verhaften – und wir unsere Identität und Sicherheit nicht am Besitz und Konsum ausmachen.

Diese drei Aspekte zu mehr langfristiger Zufriedenheit gelten wohl für fast alle Menschen. Darüber hinaus gibt es nicht die eine allgemeingültige Betriebsanleitung zu mehr Glück, die für jeden von uns gilt. Einen großen Einfluss hat unsere Lebensgeschichte und wie wir mit uns selbst in Kontakt stehen. Darauf blicken wir im nächsten Kapitel.

WAS WIR KONKRET TUN KÖNNEN, UM WIRKLICH ZUFRIEDEN ZU SEIN

Wenn uns externe Dinge meist nur kurz zufriedenstellen und wir wie ein Abhängiger von Ziel zu Ziel rennen, ist es dann nicht sinnvoll, uns mehr unserem Inneren zuzuwenden? Um unsere Zufriedenheit immer mehr in uns selbst zu finden, gibt es viele Möglichkeiten. Die Lösung dazu liegt in uns. Das ist das Gute, denn dann müssen wir nicht auf Ereignisse oder Veränderungen im Außen warten, wie eine Gehaltserhöhung oder eine andere Gesellschaft.

Am Anfang dieses Prozesses steht die persönliche Entscheidung, ob wir unabhängiger von jeder Art von Konsum, ob Besitz oder Anerkennung, werden möchten. Die frei gewordenen Kapazitäten können wir für andere Dinge nutzen, die uns wirklich in der Tiefe zufrieden machen. Wie mit allen Gewohnheiten ist es auch bei diesem Veränderungsprozess:

> **Es kostet Motivation, Bereitschaft, Anstrengung und Durchhaltevermögen, um aus der Komfortzone herauszusteigen.**

Doch genau außerhalb dieser Komfortzone beginnt das persönliche Wachstum. Es ist nicht ein großer Schritt, den wir gehen müssen. Jede einzelne neue Entscheidung oder Verhaltensweise führt zur Veränderung. Veränderungsprozesse brauchen Zeit und Übung, wie als Kind beim Laufenlernen:

> **Wir fallen hin, stehen auf und fallen wieder hin ... und wir bleiben dran und geben nicht auf, bis wir voller Strahlen die ersten Schritte gehen.**

DER SINN UND UNSINN DER ERSATZBEFRIEDIGUNGEN

Der Zugang zu uns selbst stellt in meinen Augen die beste und nachhaltigste Möglichkeit dar, freier von Konsum zu werden. Nicht weil wir uns dann zu Verzicht oder einem nachhaltigeren Konsum überwinden müssen oder es sich wie eine Pflicht anfühlt, sondern als natürliche Folge einer persönlichen Entwicklung. Dieses Buch kann dabei nicht den kompletten Weg aufzeigen, doch möchte ich dir einige Gedanken und Impulse nennen.

Als Basis sehe ich immer die Heilung unserer verletzten Anteile. Wir alle tragen bildlich gesprochen zwei Rucksäcke in unserem Leben mit uns herum: In dem einen stecken unsere Fähigkeiten, Ressourcen, Stärken und all die Dinge, die uns Kraft geben. In dem zweiten liegen Verletzungen, Schwächen, Wunden und Dinge, die uns Kraft rauben. Wie viel in welchem Rucksack steckt, liegt vor allem an unseren Erlebnissen und Erfahrungen in unserer Kindheit und wie wir diese aufgearbeitet und verarbeitet haben.

Häufig versuchen wir, über Konsum oder Anerkennung unsere Verletzungen zu kaschieren und unseren Selbstwert zu stabilisieren – uns also über diesen Weg nicht mit dem Rucksack der Verletzungen auseinandersetzen zu müssen. Denn das ist unangenehm und tut weh. Doch solange wir derart durchs Leben gehen, sind wir vermehrt auf Externes angewiesen.

Stell dir vor, dass du eine Verletzung an deinem Knie hast. Damit dieses nicht schmerzt, musst du eine bestimmte Haltung einnehmen, kannst manche Dinge nicht machen, weil die Bewegung oder Berührung schmerzt. Ähnlich verhält es sich mit seelischen Wunden – wir finden Wege, um diese nicht spüren zu müssen.

Zwei Beispiele für Ersatzbefriedigungen:

- Wir suchen die Anerkennung von außen – über Konsum und den Besitz von schönen, neuen oder teuren Dingen. Der Hintergrund:

Wir haben als Kind nicht ausreichend Liebe und Annahme erfahren. Dieses Defizit versuchen wir, über das Externe zu befriedigen.

- Wir möchten unbedingt viel Geld verdienen und besitzen. Der Hintergrund: Unsere Familie war früher arm, wodurch wir Mangel und Ausgrenzung erlebten. Diese schmerzhaften Gefühle der Unsicherheit und Ablehnung möchten wir nicht erneut durchleben.

Ich meine das nicht bewertend, denn diese Reaktion auf erlebte schmerzhafte Erfahrungen ist gut nachvollziehbar. Das Alte können wir nicht ändern.

Wir sind jedoch alle frei darin, uns heute zu verändern.

Indem wir uns den Inhalten des Rucksacks zuwenden und das in Verwandlung bringen, was wir aus der Vergangenheit noch mit uns herumtragen.

Wenn wir immer mehr Frieden mit unserer Kindheit und unseren Eltern finden, unsere Ex-Partner wirklich losgelassen haben und wir uns Stück für Stück um den Rucksack der Verletzungen gekümmert haben, müssen wir diese Lücken seltener oder nicht mehr füllen. Konsum ist dann kein Krückstock mehr, der uns stabilisiert, sondern wir werden dann anders konsumieren.

In diesem Prozess entdecken wir immer mehr, wer wir selbst sind, was wir wirklich brauchen und uns wirkliche Erfüllung im Leben bringt. Wir erlangen mehr Sicherheit in uns selbst und erkennen unseren wahren Wert – eben unabhängig von unserem Besitz, Aussehen oder Können. Zudem vergleichen wir uns weniger, weil wir unseren eigenen Wert kennen und schätzen und bewerten andere Menschen weniger. Damit werden wird freier und tun immer mehr Dinge aus einer intrinsischen Motivation. Ein immer größerer Teil unserer Zufriedenheit kommt dann aus unserem Inneren.

Wenn wir uns auf diese Reise zu uns selbst machen, passiert außerdem etwas Magisches: Wenn wir uns immer mehr annehmen, genau so, wie wir sind, werden es auch die Menschen um uns herum machen.

Denn die anderen können nur das in uns sehen, was wir selbst in uns sehen, nur das wirklich an uns mögen, was wir selbst mögen.

DIE AUSSENWELT IST IMMER EIN SPIEGEL UNSERER INNENWELT

Die seelische Veränderung sehe ich daher als die beste und stabilste Basis. Ich sage dazu immer: »Das Investment mit der höchsten Rendite bist du selbst«. Wie du diesen Weg beginnen beziehungsweise intensivieren kannst: Beispielsweise mit Büchern, Podcasts, Online-Kursen, Workshops oder eine Therapie zu diesem Thema. Wie Jana kann ich dir auch die Bücher von Stefanie Stahl empfehlen, insbesondere »Das Kind in dir muss Heimat finden«. Auch mein Ratgeber »Beziehungsleben: Wie du die Lösung für eine erfüllende Partnerschaft findest« begleitet dich auf dem Weg, Altes zu heilen, dich selbst besser zu verstehen und mehr zu dir selbst zu kommen.

Was wir darüber hinaus – ohne externe Unterstützung – jeden Tag tun können:

- **Bewusstsein:** Lerne, immer mehr zu verstehen, *warum* du etwas machst, *warum* du etwas konsumierst. Was möchtest du damit in dir befriedigen? Was ist das konkrete Ziel des geplanten Konsums? Je besser du erkennst, was das wahre Ziel hinter deinem Konsum ist und je weniger es ein Automatismus ist, desto mehr Einfluss hast du auf dein Verhalten. Unser Gehirn bevorzugt alle Zustände, die wenig Energie verbrauchen – eben die automatisch ablaufenden Prozesse. Daher kostet es zunächst Kraft und Bewusstsein, raus aus diesem Automatismus zu gelangen.

- **Im Jetzt leben:** Die momentanen Augenblicke voll wahrzunehmen ist ein Schlüssel zur inneren Zufriedenheit. Wie wir alle wissen, führt ein ständiger Blick in die Vergangenheit und dem Bedauern des Bisherigen zu unnötigem Leiden; ebenso ein ständiger sorgenvoller Blick in die Zukunft. Wenn wir wirklich präsent sind, gibt es kein Leid. Dazu kann ich dir die Bücher von Eckhart Tolle empfehlen.

- **Dankbar sein:** Wenn wir für die kleinen und großen Dinge in unserem Leben dankbar sind, steigt unsere Zufriedenheit. Wie bereits Francis Bacon sagte: »Nicht die Glücklichen sind dankbar. Es sind die Dankbaren, die glücklich sind.«

- **Meditieren:** Meditation unterstützt uns, innere Stille zu erlangen und den Geist zur Ruhe kommen zu lassen.

- **Achtsamkeit:** Das Leben zu verlangsamen, statt immer schneller und immer mehr zu machen, bringt uns mehr zu uns selbst. So können wir unsere Intuition auch wieder besser wahrnehmen.

- **Loslassen:** Wir können unglaublich viele Dinge loslassen: Ob Vorstellungen, Erwartungen oder materielle Dinge. Oder auch ungesunde Freundschaften oder die Hoffnung, dass sich andere Menschen endlich ändern. Etwas Altes loszulassen ist meist der Beginn von etwas Neuem – und gleichzeitig dessen Voraussetzung. Wenn wir bereit sind, uns von Dingen zu trennen, können wir leichter durchs Leben gehen und kommen mehr zu uns selbst.

An all diese Dinge können wir uns jeden Tag selbst erinnern und diese umsetzen. Alle gehören zum fünften Bedürfnis nach Tony Robbins »6 Human Needs«, dem persönlichen Wachstum. Neben diesen Aspekten, die zu einem erfüllenden Leben führen – ohne etwas konsumieren zu müssen –, gibt es auch die großen Lebensthemen: Einen Beruf zu finden, der uns Freude bereitet; eine Partnerschaft einzugehen, die uns erfüllt sowie soziale Kontakte und Hobbys, die wir intrinsisch motiviert angehen.

Selbstverständlich können wir auch Dinge im Außen finden, die unsere Lebenszufriedenheit positiv beeinflussen:

- **Gemeinsames:** Zufriedenheit können wir in Gemeinschaften mit anderen Menschen finden, wenn es ums Mit- und nicht Gegeneinander geht.

- **Helfen:** Zufriedenheit können wir dann finden, wenn wir einen Beitrag zum Wohle anderer leisten, indem wir für Menschen, Tieren oder die Natur da sind. Anderen etwas geben macht erwiesenermaßen glücklich.

- **Spenden:** Unsere Stimmung verbessert sich nachweislich, wenn wir Geld oder andere Dinge spenden.

Diese Aspekte gehören zu dem sechsten und letzten Bedürfnis von Tony Robbins »6 Human Needs«: dem sozialen Beitrag. Zumindest, wenn wir dies aus einer intrinsischen Motivation heraus angehen und nicht ausschließlich, um Bedeutung, Anerkennung oder Verbundenheit zu erhalten.

Lass uns noch mal zurück zum *Wenn-Dann-Spiel* blicken. Dies ist in meinen Augen einer der Schlüssel, aus dem Hamsterrad des externen Konsumierens zu gelangen. Je früher und öfter wir erkennen, dass wir gerade Spielfiguren in diesem Spiel ohne Sieger sind, desto früher können wir Dinge machen, die zu einer nachhaltigeren Zufriedenheit führen. Stell dir vor, du lässt das *Wenn* dieses Spiels einfach weg.

Du fühlst dich gut, wie du bist.
Du bist glücklich mit dem, was du hast.
Du hast ein erfüllendes Leben, ohne ein *Wenn*.

Das bedeutet nicht, dass du keine Ziele mehr haben und alles schleifen lassen sollst. Vielmehr heißt es, dass du im Jetzt zufrieden sein kannst und gleichzeitig die Dinge angehst, welche du voller Freude aus einer intrinsischen Motivation tun möchtest. Dann wirst du freier vom externen Konsumieren in Form von Produkten, Erfolgen oder Lob. Es bedeutet auch nicht, nichts mehr zu konsumieren. Doch im besten Fall bewusster, ausgewählter und weniger – eben das, was wir wirklich benötigen.

Wie fühlt sich die Vorstellung für dich an? Diesen Weg zu beschreiten bedeutet Bewusstsein, Bereitschaft und Arbeit – doch du wirst garantiert belohnt. Dabei solltest du dich nicht überfordern, aber gern fordern. Bist du bereit, diesen Weg zu gehen? Nur für dich und niemand anderen. Die Entscheidung kannst nur du allein treffen. Ebenso weißt nur du selbst, wie dein erster Schritt und persönlicher Weg aussehen mag. Ich wünsche dir dabei Neugierde, Mut und Vertrauen.

Du möchtest mehr über meine Arbeit erfahren?
Dich interessiert, was ich sonst noch mache und welche anderen Bücher ich schreibe? Es sind vor allem Ratgeber zu Beziehungsthemen, welche die Leser dabei unterstützen, erfüllende Beziehung und Partnerschaften zu führen.

Interessiert? Ich schenke dir eine Leseprobe meines Buchs »Beziehungsglücklich, 27 Tipps für eine erfüllende Partnerschaft«. Du kannst es dir hier herunterladen: wielandstolzenburg.de/konsum/

Dort findest du auch weitere Online-Tests, kostenlose Artikel in meinem Blog und meine Profile in den sozialen Medien. Lass uns dort gern miteinander verknüpfen.

Zudem stelle ich dir das in meinen Augen beste und tief greifendste Persönlichkeitsentwicklungsseminar vor: »Die Heldenreise«. Was das ist und wie sie dein Leben verändern kann, erfährst du unter obigem Link.

JETZT
BIST DU DRAN

|

von JANAKLAR

WIE DEIN TAGEBUCH FUNKTIONIERT

Jetzt ist es so weit! Jetzt bist du an der Reihe, dein Leben zu vereinfachen und dein Glück unter all dem Ballast hervorzuholen. Ab hier brauchst du einen Stift, viel Geduld und Verständnis für dich selbst.

Ich habe das Buch so konzipiert, dass du die wichtigsten Bereiche deines Lebens innerhalb von einem Jahr hinterfragen kannst. Du gibst aber selbst dein Tempo vor und kannst das Buch natürlich auch länger als ein Jahr verwenden. Nimm dir wirklich ausreichend Zeit, um dazwischen immer wieder zu reflektieren. Fülle alle Fragen aus, und erfülle alle Aufgaben, wenn du magst. Ich gebe dir auch noch einige Tipps, Infos und Inspirationen mit auf deinen Weg.

Hier geht es darum, dass du herausfindest, was DEIN Weg ist und was DU wirklich möchtest. Beantworte die Fragen also ehrlich, damit du deine Veränderung später auch sehen kannst. Es gibt kein »richtig« oder »falsch«, und es geht auch nicht darum, alles perfekt zu machen.

Weiter hinten im Buch findest du deinen Guide (→ ab Seite 184), auf den du immer zurückgreifen kannst, wenn du mal nicht weiterweißt. Dort findest du bestimmt Antworten auf einige deiner Fragen.

Egal, wo du gerade in deinem Leben stehst, möchte ich, dass du Verständnis für dich aufbringst und dass du stolz auf dich bist. Den ersten und größten Schritt hast du nämlich bereits hinter dir. Du hast erkannt, dass du etwas verändern möchtest.

Du kannst gern in den Kapiteln herumspringen, wie du möchtest. So, wie du dich eben damit wohl fühlst. Es ist nur wichtig, dass du mit deiner Bestandsaufnahme, die gleich kommt, beginnst.

Ganz hinten im Buch (→ ab Seite 207) kannst du deine Kaufwünsche eintragen und deine Käufe dokumentieren. Im Anschluss folgt dein Tagebuch (→ ab Seite 214). Hier kannst du das Jahr über deine Gedanken zum Thema hineinschreiben.

Ich wünsche dir ganz viel Spaß!

Deine Jana ♥

MEINE BESTANDAUFNAHME

»Alles beginnt mit einem Gedanken,
und Gedanken kann man ändern.«

Louise Hay

Wie fühlst du dich nun, nachdem du bis hierher gelesen hast? Lass all deine Gedanken raus, die dir gerade im Kopf umherschwirren. In Zukunft kannst du das übrigens immer wieder hinten in deinem Tagebuch (→ ab Seite 214) machen.

WOFÜR VERWENDE ICH MEINE ZEIT?

»Es ist nicht zu wenig Zeit, die wir haben,
sondern es ist zu viel Zeit, die wir nicht nutzen.«

Lucius Annaeus Seneca

Wie du vorhin schon gelesen hast, ist die Währung, mit der wir im Leben bezahlen unsere Zeit. Unser aller Ziel ist es, glücklich zu sein. Werfen wir also einen Blick darauf, wie du dir deine Zeit einteilst und wie glücklich du damit bist.

Für welche Tätigkeit investierst du wie viel Prozent deiner Zeit? Teile den Kreis einfach in verschiedene Segmente ein, und schreibe dann die ungefähren Prozentzahlen hinein! (Beispiele: Beruf, Familie, Haushalt, Social Media, Sport ...)

Warum teilst du deine Zeit so ein? Hast du dir darüber schon mal Gedanken gemacht?

Bist du glücklich mit dieser Einteilung? Begründe gern deine Antwort!

Wie zufrieden bist du aktuell mit deinem Job oder deiner Ausbildung? Erfüllt dich deine Tätigkeit?
Begründe gern deine Antwort!

Wie viel Prozent deiner Zeit nimmt dein Job oder deine Ausbildung ein? Wie fühlst du dich damit?

Was sind deine Hobbys? Was machst du in deiner Freizeit und warum?

_____

_____

_____

_____

_____

_____

_____

_____

Was sind deine Ziele für dieses Jahr?

_____

_____

_____

_____

_____

_____

_____

_____

Was sind deine absoluten Lebensziele oder Träume?

Aufgabe:
Sind deine Hobbys und deine Ziele eher dem *Haben* oder dem *Sein* zugeordnet? Nimm dir zwei Textmarker in verschiedenen Farben. Eine Farbe steht für *Haben* und eine für *Sein*. Streiche die jeweiligen Dinge mit der zugehörigen Farbe an. Sei bitte ganz ehrlich zu dir selbst. Wenn beides zutrifft, nimm auch beide Farben. Falls du dich nicht mehr erinnerst, dann lies noch mal bei Wieland ab Seite 70 nach, und überlege auch, was das für dich nun bedeutet.

Wie fühlst du dich nach dieser Aufgabe? Begründe gern deine Antwort!

WELCHE BEDÜRFNISSE HABEN BEI MIR PRIORITÄT?

> »Dein Wert liegt darin, wer du bist,
> nicht was du besitzt.«
> *Thomas Alva Edison*

Du hast vorhin bereits von Wieland über die »6 Human Needs« von Tony Robbins erfahren, welche besagen, dass wir im Grunde sechs Bedürfnisse haben: Sicherheit, Abwechslung und Unsicherheit, Bedeutung und Anerkennung, Liebe und Verbundenheit, persönliches Wachstum und sozialer Beitrag.

Welches Bedürfnis ist bei dir wie stark ausgeprägt? Was ist dir am wichtigsten? Gliedere sie von 1 bis 6 je nach Wichtigkeit ein! 1 ist in diesem Fall das wichtigste Bedürfnis.

1.
2.
3.
4.
5.
6.

Denkst du, dass deine aktuelle Lebenssituation deinen Bedürfnissen gerecht wird? Begründe gern deine Antwort!

Was machst du bereits, um deine Bedürfnisse zu befriedigen? Sind diese Strategien nachhaltig oder eher kurzfristig?

Was könntest du tun, um dein Leben deinen Bedürfnissen besser anzupassen?

Wie glücklich bist du insgesamt mit deiner momentanen Lebenssituation?

Begründe deine Antwort!

Was macht dich im Leben glücklich? Nenne einige Beispiele!

Wovon möchtest du im Leben mehr und wovon weniger?

Ich möchte mehr ...   **Ich möchte weniger ...**

Hast du das Gefühl, dass dir momentan etwas fehlt? Wenn ja, was genau? Könntest du möglicherweise etwas daran ändern?

Ich habe dir ja zu Beginn von dem »Loch in meiner Seele« – Fernando – erzählt. Kannst du das nachvollziehen? Kennst du dieses Gefühl auch, und wie würdest DU es beschreiben? Wenn ja, in welchen Situationen spürst du es, und was machst du dann?

WOFÜR BIN ICH DANKBAR?

Dankbarkeit ist eine Eigenschaft, mit der du den Blickwinkel auf so gut wie alles ins Positive ändern kannst. Warum genau Dankbarkeit so wichtig ist, kannst du gern in deinem Guide nachlesen.

Nenne fünf Dinge, für die du momentan besonders dankbar bist!

1.
2.
3.
4.
5.

Aufgabe:
Lass nun alles erst mal ein paar Tage sacken, und beobachte dein Umfeld etwas genauer. Möglicherweise siehst du ja bereits jetzt einiges anders. Du kannst gern den Tagebuchteil ganz hinten im Buch (→ ab Seite 214) nutzen, um deine Erfahrungen niederzuschreiben.
Und natürlich musst du jetzt noch keine Antworten auf möglicherweise offene Fragen haben. Nimm dir Zeit, alles zu verarbeiten, und stresse und verurteile dich nicht. Geh mit Freude ran, etwas verändern zu können!

Hier noch ein spannender **Doku-Tipp:**
»Minimalism: A Documentary About The Important Things«

MEINE ZIELE FÜR DIESES JAHR

»Wer etwas will, findet Wege.
Wer etwas nicht will, findet Gründe.«

Werner Götz

Verwende die kommenden Seiten, um dir ein Vision Board für das kommende Jahr zu gestalten. Falls du mitten im Jahr beginnst, nimm dir doch einfach die nächsten zwölf Monate vor. Was möchtest du verändern? Was möchtest du erreichen?

Reflektiere dazu gern noch mal das, was du bis jetzt über deine Grundbedürfnisse und das *Haben* und *Sein* gelernt hast. Was sind also Dinge, die DU wirklich möchtest? Schnapp dir ein paar Zeitschriften oder Bilder, zeichne oder schreibe selbst etwas, und stelle dir daraus ein Gesamtbild zusammen, dass dich in Zukunft motivieren wird, wenn du es dir anschaust.

Wenn du also zum Beispiel deine Freundschaften vertiefen möchtest, nimm Fotos von deinen Freunden. Wenn du gesünder essen willst, schneide Fotos von frischem Gemüse aus Magazinen aus. Wenn du mehr Ordnung in deiner Wohnung möchtest …

Ich glaube, du weißt wie's funktioniert.

Auf die Plätze, fertig, los!

MEIN VISION BOARD

MEINE AUSMIST-CHALLENGE

»Maybe the life you've always wanted
is buried under everything you own!«
Joshua Becker

ICH LASSE LOS, WAS MIR NICHT ENTSPRICHT

Es ist wichtig, dass du dir zuerst anschaust, was du bereits hast, um anschließend bewusst konsumieren zu können. Dabei ist außerdem von Bedeutung, dass du nur Dinge behältst, die du auch verwendest und wertschätzt.

Wenn du schließlich einen Überblick hast und weißt, was du besitzt, fällt es um ein Vielfaches leichter, auch nur noch Dinge zu kaufen, die dir entsprechen. Du machst nun eine Bestandsaufnahme in allen Bereichen, lässt Dinge los, die überflüssig sind, und ab dann kommen nur noch Sachen in dein Zuhause, die du wirklich willst und brauchst und die dir entsprechen.

Ich habe mir elf Bereiche ausgesucht, in denen es am meisten Sinn macht, mal aufzuräumen. Du musst die Kapitel nicht der Reihe nach behandeln. Du kannst dir auch einfach das aussuchen, für das du dich gerade am meisten bereit fühlst.

Mache zwischendurch immer wieder längere oder kürzere Pausen, in diesen Zeiträumen lernst du am meisten.

MEIN KLEIDERSCHRANK

Kleidung ist wohl einer der größten Punkte, bei denen wir etwas an unserer Denkweise verändern können. Viele von uns bezeichnen Shopping als ihr Hobby und geben einen großen Teil ihres Einkommens für Kleidungsstücke aus. Fast-Fashion-Riesen wie H&M, Primark, Zara und viele mehr bieten Mode zu Dumpingpreisen an, die wir in unfassbaren Massen konsumieren und nach kurzer Lebensdauer wieder entsorgen. Kleidung ist die Wegwerfware unserer Generation.

Österreichische Verbraucher kaufen im Schnitt 60 Kleidungsstücke pro Jahr, das entspricht ganzen 19 Kilogramm! Und sie tragen ihre Kleidung nur noch halb so lang wie vor 15 Jahren.

Marktführer wie Zara und H&M bieten jedes Jahr bis zu 24 Kollektionen an.

An einem T-Shirt, das in Deutschland 29 Euro kostet, bekommt eine Näherin in Bangladesch 18 Cent.

Die Bekleidungsproduktion hat sich von 2000 bis 2014 verdoppelt. 2014 wurden mehr als 100 Milliarden Kleidungsstücke neu produziert.

Ein T-Shirt benötigt für seine Herstellung im Schnitt 2.700 Liter virtuelles Wasser, je nach Verarbeitung und Färbung können es sogar bis zu 15.000 Liter sein.

VIRTUELLES WASSER bezeichnet die Menge Wasser, die tatsächlich für die Herstellung eines Produkts anfällt.

Aufgabe:
Mach dich schlau zum Thema Fast Fashion und den Auswirkungen. Dazu gibt es unzählige Berichte, Dokumentationen, Bücher, Blogs und vieles mehr. Je mehr du über das Thema weißt, desto motivierter bist du, auch etwas zu verändern. Meine liebsten Inspirationen findest du hinten im Buch (→ ab Seite 204).

Mein Doku-Tipp:
»The True Cost«
Du findest die Doku online: https://truecostmovie.com

Wie viel Geld gibst du monatlich für Kleidung aus und warum?

»It's not enough just looking for the quality in the products we buy, we must ensure, that there is quality in the lives of the people who make them.«

Orsola de Castro

Aufgabe:
Versuche, dir für diese Aufgabe wirklich einige Stunden Zeit zu nehmen. Es wird möglicherweise länger dauern, als du es dir momentan vorstellst. Hoch die Ärmel! Jetzt geht's los!

Öffne deinen Kleiderschank! Was denkst du bei diesem Anblick? Hast du zu wenig oder zu viel Kleidung? Oder genau richtig viel?

Hol deine gesamte Kleidung heraus, und lege sie auf einen Haufen! Was für ein Gefühl gibt dir das und warum?

Wie viele Kleidungsstücke besitzt du aktuell? Schätze mal, bevor du zählst! Und nun zähle sie tatsächlich! Ich bereue ein bisschen, dass ich's nicht getan habe.

Geschätzte Zahl: _____

Tatsächliche Zahl: _____

Ziehst du wirklich alles an, was du besitzt?

☐ ja   ☐ nein

Was war dein letzter modischer Fehlkauf? Beschreibe diesen ganz genau!

_____
_____
_____
_____

Hast du auch Teile, die du noch nie/kaum getragen hast? Wenn ja, warum denkst du, dass es diese Teile in deinen Kleiderschrank geschafft haben? Warum trägst du diese Teile nie/kaum?

_____
_____
_____
_____

Nun wische deinen Kleiderschrank feucht aus! Das macht man eh viel zu selten und gibt gleich ein besseres Gefühl. Jetzt geht's ans Ausmisten. Nimm jedes Teil in die Hand, oder ziehe es sogar an und überlege dir genau, ob du es wirklich trägst oder noch tragen möchtest! Mache dir drei Haufen:

1. Behalte ich
2. Bin mir noch unsicher
3. Kommt weg

Die ersten beiden Haufen kommen erst mal wieder schön sortiert in den Schrank zurück. Behalte die Dinge, bei denen du dir unsicher bist noch, und beobachte die kommende Zeit, ob du sie wirklich anziehst. Diesen Prozess des Ausmistens wirst du wahrscheinlich in den nächsten Monaten öfter machen. Du kannst ja dann beim nächsten Mal entscheiden, ob du es wirklich noch behalten willst. Wenn es dir leichter fällt, kannst du die Teile auch in ein Extrafach oder in einen Karton geben und beobachten, ob du manche davon wieder rausholst, weil du sie anziehst.

→ *Mache dich online schlau, wohin du die Kleidung geben möchtest, die du aussortiert hast. Schaue dazu gern noch mal im Guide vorbei (→ Seite 184).*

Welche Möglichkeiten gibt es in deiner Nähe, um Kleidung zu verkaufen, zu verschenken, zu spenden, zu tauschen oder zu entsorgen? Schreibe dir hier eine Liste, damit du in Zukunft nur hier nachsehen musst!

_____
_____
_____
_____
_____
_____

Get rid of it! Du weißt, was zu tun ist. Überall anders sind die Kleider besser aufgehoben, als in deinem Kleiderschrank zu verstauben. Den ganzen Prozess wiederholst du mit deinen Schuhen, Jacken, Mützen, Taschen, Rucksäcken und allen anderen Accessoires.

Wie fühlst du dich nach dem Ausmisten und warum?

_____
_____
_____
_____
_____
_____

Wo kaufst du deine Kleidung am liebsten und warum? Entsprechen diese Unternehmen deinen ethischen Vorstellungen?

Was weißt du über die Herkunft und Produktion deiner Kleidung? Hast du dich damit schon einmal auseinandergesetzt?

»Buy less, choose well, make it last.«

Vivienne Westwood

Was möchtest du in Zukunft beim Kauf von Kleidung beachten?

Gibt es in deiner Nähe Secondhandläden oder Fair-Fashion-Shops? Suche doch mal im Internet danach, und fasse sie hier zusammen!

Mein Tipp:
Erstelle dir einen Kleiderschrankinhalt bestehend aus Stücken, die gut miteinander kombinierbar und zeitlos sind und dir immer stehen. Beachte dabei alle Jahreszeiten und auch, was du so im Alltag machst und was du dafür brauchst. Du kannst ja online nach dem Begriff »Capulse Wardrobe« suchen!

Was sind deine täglichen Aktivitäten, und welche Kleidung benötigst du dafür?

_____
_____
_____
_____

Welche Teile sind Grundkleidungsstücke, die du auf jeden Fall in deinem Schrank brauchst? Schreibe dir hier eine Liste mit den Teilen und der jeweiligen Anzahl!

- [ ] _____
- [ ] _____
- [ ] _____
- [ ] _____
- [ ] _____
- [ ] _____
- [ ] _____
- [ ] _____

- [ ] _____
- [ ] _____
- [ ] _____
- [ ] _____
- [ ] _____
- [ ] _____
- [ ] _____

Aufgabe:
Beobachte die nächsten Wochen, was du von den Sachen, die bleiben durften, tatsächlich anziehst und was im Kleiderschrank verstaubt. Du kannst den Vorgang des Ausmistens jederzeit wiederholen. Auch was Neukäufe angeht, kannst du dich selbst einfach mal beobachten. Nutze dazu den Bereich »Meine Käufe« hinten im Buch (→ ab Seite 210).

MEIN BADEZIMMER

Wer kennt das nicht? Fünf angebrochene Flaschen Duschgel oder Produkte, die man nie verwendet und die ganz hinten im Badezimmerschrank verstauben und wahrscheinlich schon seit Monaten abgelaufen sind. Gerade im Badezimmer können wir uns viel Zeit, Geld, Platz und auch Verpackungsmüll sparen. Außerdem haben wir oft gar keine Ahnung, was das eigentlich ist, das wir uns da täglich auf die Haut schmieren. Sind die Inhaltsstoffe überhaupt gut für meinen Körper?

Öffne deinen Badezimmerschrank! Was denkst du bei diesem Anblick?

_____
_____
_____
_____

Hol deine gesamte Kosmetik und alle Hygieneprodukte aus den Schränken und Regalen, und lege sie auf einen Haufen! Was für ein Gefühl gibt dir der Haufen und warum?

_____
_____
_____
_____
_____

Wie viele Kosmetik- und Hygieneprodukte besitzt du aktuell? Zähle sie doch mal!

Ich besitze insgesamt _____ Produkte.

Hast du manche Dinge mehrfach, von denen du eigentlich nur eins bauchst? Wenn ja, was und warum?

_____
_____
_____
_____
_____
_____
_____

Weißt du über die Inhaltsstoffe deiner Kosmetik- und Hygieneprodukte und wie sie sich auf deinen Körper auswirken Bescheid?

☐ ja   ☐ nein

Mein Tipp:
Mit den Apps **Codecheck** oder **ToxFox** kannst du ganz einfach den Barcode deiner Produkte einscannen und mehr über die Inhaltsstoffe erfahren.

Wische nun deinen Badezimmerschrank feucht aus. Jetzt geht's ans Ausmisten. Nimm jedes Teil in die Hand und überlege, ob du es wirklich verwendest oder weiterhin verwenden möchtest! Mache dir drei Haufen:

1. Behalte ich
2. Möchte ich noch aufbrauchen
3. Kommt weg

Sortiere die Dinge, die du behalten möchtest wieder in den Schrank oder die Kosmetiktasche! Mache dir ein Extrafach für die Dinge, die du noch aufbrauchen, aber nicht mehr nachkaufen möchtest. So siehst du sie direkt und lässt sie nicht wieder in den Tiefen deines Schrankes verrotten.

> **Aufgabe »Aufbrauch-Challenge«:**
> Verbrauche alles, was du nicht mehr nachkaufen möchtest. Tu das so lange, bis du nur noch die Dinge in deinem Schrank hast, die du wirklich magst und auch verwendest.

→ *Verschenke Produkte, die du nicht möchtest, wenn sie noch verwendbar sind. Abgelaufene oder kaputte Sachen kannst du fachgerecht entsorgen.*

Wie fühlst du dich jetzt nach dem Ausmisten und warum?

_____
_____
_____
_____
_____

Schminkst du dich? Wenn ja, wie oft und warum? Machst du es gern?

Was möchtest du in Zukunft beim Kauf von Kosmetik- und Hygieneprodukten beachten?

»Die beste Schönheitscreme für das Gesicht ist ein Lächeln.«
Fred Ammon

Meine Essentials für ein übersichtliches Badezimmer

Im Badezimmer lässt sich so einiges an Geld und Müll sparen. Hier haben wir oft sehr viele Produkte, die wir eigentlich nicht brauchen oder verwenden Einwegprodukte, wo es langlebigere gäbe.

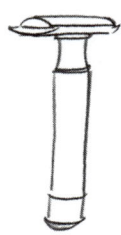

RASIERHOBEL
Die Einwegrasierer mit einem Rasierhobel zu ersetzen ist ein absoluter Lifechanger. Diesen muss man nämlich nur einmal kaufen und lediglich alle paar Wochen eine neue Klinge einsetzen. Du musst dich also nie wieder mit dem Kauf von Rasierern herumschlagen und produzierst so gut wie keinen Abfall mehr.

MENSTRUATIONSTASSE
Handelsübliche Tampons trocknen nicht nur die Scheide aus, sondern sind auch oft mit Chemikalien behandelt, die da unten eigentlich nicht viel verloren haben. Eine Menstruationstasse musst du nur einmal kaufen, und diese dient dir dann mehrere Jahre. Du produzierst keinen Müll, schonst deinen Körper, sparst Geld und Zeit. Der Umstieg fällt anfangs möglicherweise etwas schwer. Du hast den Dreh aber bestimmt schnell raus. Ansonsten gibt es auch noch andere Mehrwegoptionen wie zum Beispiel waschbare Stoffbinden oder Menstruationspantys.

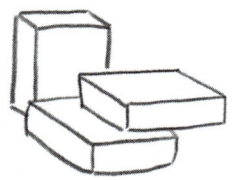

FESTES DUSCHGEL UND SHAMPOO
Duschgel und Shampoo sind auch in fester Form erhältlich. Das sieht nicht nur viel schöner aus, das spart Müll, hält viel länger und spart somit wie-

der Zeit und Geld. Übliches Duschgel und Shampoo in der Flasche sind mit Wasser gestreckt. Die festen Optionen hingegen sind konzentriert. Auch Haarbalsam ist in fester Form erhältlich. Wer es ganz minimalistisch mag, kann auch Shampoo und Duschgel in einem Stück kaufen. Diese Stückseifen kann man zudem super statt Rasierschaum verwenden.

FESTES DEO

Auch Deo findest du in fester Form bereits in jeder gut sortierten Drogerie. Wenn du mehr auf Sprühdeos stehst, gibt es welche in Glasbehältern mit Pump-Sprühverschluss.

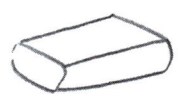

ZAHNBÜRSTE AUS BAMBUS

Eine Zahnbürste aus Bambus oder anderem Holz ist kompostierbar. Mit einer Option ohne Plastik schonst du die Umwelt.

ZAHNPULVER

Für die Zahnpasta gibt es ebenfalls immer nachhaltigere Optionen wie zum Beispiel Zahnpulver, unverpackte Tabletten oder einfach Zahnpasta aus natürlichen Inhaltsstoffen. Mache dich in der Naturkosmetikabteilung oder in einem Unverpacktladen schlau!

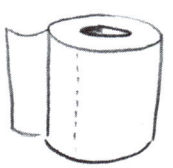

KLOPAPIER

Klopapier gibt es sogar schon in Supermärkten aus recycelten Materialien. Die Verpackung kannst du zum Beispiel als Müllsack verwenden.

HAARBÜRSTE
Hier ist es schlau, einfach die zu verwenden, die du bereits hast. Falls die kaputt gehen sollte, kannst du dir ja zum Beispiel eine aus Naturmaterialien anschaffen.

FÖHN
Einen Föhn liste ich hier auf, weil er oft praktisch ist. Tut deinen Haaren aber auch bestimmt mal gut, sie lufttrocknen zu lassen.

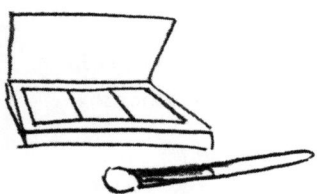

SCHMINKE
Falls du dich schminken möchtest, findest du tolle tierversuchsfreie und vegane Alternativen in der Naturkosmetikabteilung deines Vertrauens. Du kannst sie aber auch einfach weglassen, wenn du darauf keine Lust hast.

Mein Buch-Tipp:
»Selber machen statt kaufen – Haut und Haar: 137 Rezepte für natürliche Pflegeprodukte, die Geld sparen und die Umwelt schonen« von Smarticular

MEINE KÜCHE

In diesem Bereich geht es ausschließlich um alles in deiner Küche, was man nicht essen kann. Also Geräte, Geschirr, Aufbewahrungsdosen und so weiter. Ich glaube, ich kenne niemanden, der nicht dieses berühmte Küchenfach mit allerlei Aufbewahrungsboxen ohne passende Deckel hat. Um Lebensmittel kümmern wir uns gleich anschließend im Kapitel »Meine Ernährung«.

Öffne all deine Küchenschränke! Was denkst du bei diesem Anblick?

Hol den gesamten Inhalt aus allen Schränken heraus, und lege ihn auf deinen Esstisch oder eine andere Ablage! Damit meine ich alle Küchengeräte, Geschirr, Besteck, Back- und Kochzubehör und alles was dazugehört. Was für ein Gefühl gibt dir der Anblick jetzt und warum?

Wisch deine Küchenschränke nun feucht aus! Nimm anschließend jedes Teil in die Hand, und überlege, ob du es wirklich verwendest oder weiterhin verwenden möchtest. Mache dir drei Haufen:

1. Behalte ich
2. Bin ich noch unsicher
3. Kommt weg

Sortiere jetzt nur die Sachen wieder ein, die du wirklich verwendest und behalten möchtest. Wenn du dir bei manchen Dingen unsicher bist, behalte sie vorerst, und beobachte in der kommenden Zeit, ob du sie auch wirklich verwendest. Du kannst sie gern in eine Kiste packen und beobachten, ob du Teile wieder rausholst, weil du sie brauchst. Die Sachen, die über längere Zeit in der Kiste bleiben, können weg. Die restlichen Sachen aus dem dritten Haufen kommen auch weg. Wenn du nicht weißt wohin damit, dann schau in deinem Guide (→ ab Seite 184) vorbei.

Wie fühlst du dich jetzt nach dem Ausmisten und warum?

Was möchtest du in Zukunft beim Kauf von Küchenartikeln beachten?

Mein Tipp:
Auch für die Küche gibt es verschiedene Mehrweg-Alternativen, wie zum Beispiel Strohhalme und Aufbewahrungsboxen aus Edelstahl oder Thermobecher für den Kaffee to go.

MEINE ERNÄHRUNG

Das Thema Ernährung betrifft jeden von uns und ist so extrem umfangreich, dass ich mehrere Bücher nur darüber füllen könnte. Da ich mich hier aber nur auf die wichtigsten Dinge konzentrieren möchte, solltest du dich zu dem Thema also unbedingt noch außerhalb des Buchs informieren.

Unsere Ernährung wirkt sich nicht nur direkt auf unsere Gesundheit, sondern auch auf die Umwelt, das Klima, andere Menschen und Tiere aus. Wer seine Ernährung auf eine bewusstere umstellt, schlägt also gleich mehrere Fliegen mit einer Klappe. Geil, oder?

Bei der Nahrungsaufnahme besteht in unseren Breitengarden ein Überkonsum, der sich gewaschen hat. Wir schmeißen tonnenweise noch essbare Nahrung weg. Wir essen im Schnitt viel zu viel und leiden trotzdem unter Nährstoffmängel, weil wir zu den falschen Lebensmitteln greifen. Obst, Gemüse, Hülsenfrüchte, Nüsse, Samen, Vollkorngetreide und Kräuter sind wahre Powerpakete der Natur, die – wenn sie in ihrer reinen Form verzehrt werden – alles mitbringen, damit unser Körper die einzelnen Inhaltsstoffe gut aufnehmen und verarbeiten kann. Sie sind somit der optimale Treibstoff für unseren Körper.

Durch den Konsumwahn stellen wir aber immer neue Produkte aus ihnen her. Somit werden diese Powerpakete meist aufgetrennt, verarbeitet, konzentriert, zerstört und in ihrer Wirkung vermindert. So kommt es, dass unsere Supermärkte überfüllt sind mit Produkten, die uns süchtig machen, wenig Nährstoffe, aber dafür viele Kalorien beinhalten und uns somit eher krank als gesund machen. Auch hier ist es also von Vorteil, sich aus dem Produktwahnsinn zu verabschieden und echte, einfache, also unverarbeitete, Nahrung zu bevorzugen.

Außerdem verbrauchen wir insgesamt wesentlich mehr als früher. Vor allem der übermäßige Konsum bei tierischen Produkten, die zu immer niedrigeren Preisen und ohne sie zu hinterfragen angeboten werden, schadet nicht nur massiv der Umwelt und unserer Gesundheit. Dieses Verhalten bringt auch noch unzählige Opfer mit sich. Aus ethischer Sicht wäre für die meisten von uns der Verzehr von tierischen Produkten gar nicht mehr vertretbar. Leider sind noch viel zu wenigen von uns die herrschenden Zustände wirklich bekannt.

Der WWF zum Beispiel ist überzeugt, dass wer sich in Deutschland gesünder ernährt, auch aktiven Klimaschutz betreibt. Gerade unser Fleischkonsum und der dafür nötige Einsatz von Soja in der Tierfütterung sind entscheidend für die Größe unserer Fußabdrücke bei Flächenverbrauch und Ausstoß an Treibhausgasen. Eine gesündere Ernährung gemäß wissenschaftlichen Empfehlungen wirkt sich entsprechend positiv auf den Ressourcen- und Klimaschutz aus: Weltweit würden mehr als 1,8 Millionen Hektar, das entspricht der Größe Sachsens, an Flächen frei für andere Nutzungen. Zudem könnten 27 Millionen Tonnen CO_2-Äquivalente an Treibhausgasen vermieden werden.

Hast du dir schon mal Gedanken darüber gemacht, wo die Lebensmittel herkommen, wie Obst oder Gemüse vor der Ernte aussieht, wie die Produkte hergestellt werden und was dafür alles passieren muss? Was genau ist eigentlich Kuhmilch oder ein Hühnerei? Frag dich das in der kommenden Zeit, und informiere dich, bevor du etwas zu dir nimmst. Was genau ist das eigentlich, das du täglich deinem Körper gibst? »Du bist, was du isst« ist nicht nur ein Spruch auf einer lustigen Kochschürze, sondern entspricht absolut der Wahrheit. Was du isst, sind Grundbausteine für die Herstellung neuer Zellen. Also wird das Essen, das du isst, tatsächlich zu einem Teil deines Körpers. Schon irgendwie komisch, dass wir so wenig darüber wissen, oder?

59% der Männer

37% der Frauen

... sind in Deutschland übergewichtig.

Die drei schlimmsten Wegbegleiter (Transfette, gesättigte Fette und Cholesterin) vom LDL Cholesterin, der Hauptursache für unsere häufigste Todesursache (Herz-Kreislauf-Erkrankungen) lassen sich alle auf den Verzehr tierischer Produkte und industriell verarbeiteter Junk Foods zurückführen.

Weltweit landet ein Drittel der Lebensmittel auf dem Müll. 53 % aller weggeworfenen Lebensmittel in der EU gehen auf das Konto der privaten Haushalte.

2018 wurden in Deutschland mehr als 770 Millionen Tiere geschlachtet – Deutschland hat 83 Millionen Einwohner.

Österreich liegt beim Fleischkonsum auf Platz 3 in der EU und weltweit auf Platz 15. Jeder Österreicher isst in seinem Leben durchschnittlich 5,9 Tonnen Fleisch. Das sind 1.287 Tiere pro Kopf.

Meine Ernährungs-Tipps ...

... die sich gut auf deine Gesundheit, deinen Geldbeutel, deine Mitmenschen, die Umwelt und andere Lebewesen auswirken.

- Bevorzuge vollwertige pflanzliche Lebensmittel wie Gemüse, Obst, Vollkornprodukte, Hülsenfrüchte, Samen, Nüsse, Gewürze und Kräuter
- Bevorzuge regionale und saisonale Lebensmittel
- Versuche nur einzukaufen, was du auch wirklich isst
- Reduziere den Konsum von tierischen Lebensmitteln
- Reduziere den Konsum von stark industriell verarbeiteten Lebensmitteln
- Reduziere den Konsum von industriellem Zucker
- Reduziere den Konsum von Alkohol

Meine Doku-Tipps:
gamechangersmovie.com
dominionmovement.com
whatthehealthfilm.com

Meine Buch-Tipps:
»How Not To Die – Entdecken Sie Nahrungsmittel, die ihr Leben verlängern und bewiesenermaßen Krankheiten vorbeugen und heilen« von Dr. Michael Greger

»Die Lustfalle – Warum Gesundsein so schwerfällt und was Sie dafür tun können« von Douglas J. Lisle und Alan Goldhamer

»Wir leben nicht, um zu essen,
sondern wir essen, um zu leben.«

Sokrates

Das 80:20-Prinzip

In einer Welt, in der von überall her die Versuchung auf dich lauert und es nicht gerade einfach ist, immer standfest zu bleiben, habe ich mich entschieden, das 80:20-Prinzip für mich zu nutzen. Ich esse also zu 80 Prozent »clean« und ungefähr zu 20 Prozent hau ich mir Dinge hinter die Kiemen, die jetzt nicht meiner absoluten Vorstellung einer gesunden Ernährung entsprechen.

Würde ich jetzt abgeschottet auf einer einsamen Insel wohnen, wäre ich mit 100 Prozent »cleanem« Essen wahrscheinlich der glücklichste und gesündeste Mensch auf Erden. Ich lebe aber hier in einer Gesellschaft, in Umständen, die mir das kaum möglich machen. So »gönne« ich mir ab und zu mal veganes Eis oder andere Junk Foods.

Wer immer nur verzichtet, hat irgendwann ganz schnell keine Lust mehr. Mit seltenen Ausnahmen kann der Körper ganz gut umgehen. Bei einer gesunden Ernährung geht es darum, was du in der Regel täglich zu dir nimmst.

Ich ernähre mich nicht gesund und bewege mich, DAMIT ich mich liebe, sondern tue es, WEIL ich mich liebe.

Lass uns deinen Körper hier als deinen Wohnraum betrachten. Im Grunde ist er nämlich auch die einzige Wohnung, in der du bis an dein Lebensende wohnen wirst. Also gerade dort ist es doch wichtig »Ordnung zu halten«. Beobachte also erst – so wie in den vorigen Kapiteln –, was du hast, miste dann aus, was dein Körper nicht braucht, und lasse nur noch das rein, was dir entspricht. Sei bitte nicht zu streng mit dir! Eine Umstellung braucht Zeit, da Essen für viele von uns ein sehr emotionales Thema ist. Konzentriere dich also darauf, was du schon richtig machst, und arbeite mit Freude daran, dich weiterzuverbessern.

Viele Menschen und auch ich schwören auf das Intervallfasten oder andere Formen des Fastens. Dabei ist der Grundgedanke, dem Körper in den Stunden, in denen man keine Nahrung zu sich nimmt, Ruhe zu geben, um Heilungsprozesse zuzulassen.

**Wer dankbar ist für seine Gesundheit,
der wertschätzt sie,
indem er seinem Körper Gutes tut.**

Beobachte dich selbst! In welchen Situationen isst du und warum?

_____
_____
_____
_____
_____

Wie fühlst du dich momentan in deinem Körper und warum?

_____
_____
_____
_____
_____
_____

Mein Buch-Tipp:
»Intervallfasten: Für ein langes Leben – schlank und gesund« von Dr. med. Petra Bracht

Hast du möglicherweise gesundheitliche Probleme oder Beschwerden aufgrund deiner Ernährung?

Wie sprichst oder denkst du über deinen Körper? Bist du dankbar für die Arbeit, die er täglich für dich leistet? Wertschätzt du, was er für dich macht? Nenne fünf Dinge, für die du deinem Körper danken möchtest!

Worauf möchtest du in Zukunft bei deiner Nahrungsaufnahme achten?

Nun werfen wir einen Blick darauf, was du für Lebensmittel in deiner Küche hast. Mache alle Schränke auf, in denen sich Lebensmittel befinden! Was denkst du bei diesem Anblick? Denkst du, dass diese Lebensmittel der optimale Treibstoff für deinen Körper sind und deinen Werten entsprechen?

_____

_____

_____

_____

Hol alle Lebensmittel aus den Schränken, und lege sie auf den Esstisch oder eine andere Ablage! (Mache die Inhalte von Kühlschrank, Gefrierschrank und Vorratsschrank lieber nacheinander. Nicht dass dir alles auftaut und schlecht wird.) Was für ein Gefühl gibt dir der Anblick und warum?

_____

_____

_____

_____

Wische nun die Schränke feucht aus! Sortiere nur die Lebensmittel wieder ein, die du noch essen möchtest und die gut für deinen Körper sind! Nicht mehr genießbare Lebensmittel kannst du fachgerecht entsorgen. Nur weil das Mindesthaltbarkeitsdatum abgelaufen ist, muss das Produkt nicht ungenießbar sein. Vertraue deinen Sinnen!

Hattest du viele abgelaufene Lebensmittel? Wie fühlst du dich jetzt damit, nachdem du wieder einsortiert hast?

Mein Tipp:
Verschenke Lebensmittel, die noch gut sind, die du aber nicht mehr essen möchtest.

Meine Website-Tipps:
toogoodtogo.de
foodsharing.de

Aufgabe »Aufbrauch-Challenge«:
Verbrauche alles, was du nicht mehr nachkaufen aber noch aufessen möchtest! Tu das so lange, bis du nur noch die Dinge in deinem Schrank hast, die du wirklich magst und auch verwendest! Checke ab dann immer, was du schon zu Hause hast, bevor du einkaufen gehst, um zu vermeiden, wieder Dinge mehrfach anzuhäufen oder zu viel einzukaufen, was verderben könnte. Beim Wocheneinkauf vergisst man sonst schnell, dass der Schrank zu Hause ja eigentlich gar nicht so leer ist. Du arbeitest hier also nach dem First-in-first-out-Prinzip. Am leichtesten klappt das tatsächlich, wenn du dir eine Einkaufsliste schreibst.

Was möchtest du in Zukunft beim Kauf von Lebensmitteln beachten und warum?

Achtsamkeits- und Dankbarkeitsübung
Nimm dir eine Frucht deiner Wahl, und schau sie dir ganz genau an! Die Farbe, die Struktur. Riech mal an ihr! Wie empfindest du den Geruch? Wie fühlt sich die Frucht an? Nimm dir ganz viel Zeit bei der Übung! Jetzt nimm einen Bissen! Wie schmeckt die Frucht? Verändert sich der Geschmack nach der Zeit im Mund? Wie fühlt sie sich im Mund an?

Was hast du bei dieser Übung alles wahrgenommen?

MEIN HAUSHALTSSCHRANK

Schauen wir mal, was du so in deinem Haushaltsschrank hast. Ich spreche jetzt von dem Ort, an dem du all deine Putz- und Waschmittel verstaust. Mittlerweile gibt es ja schon nichts mehr, wofür es kein extra Putzmittel gibt.

Wirf mal einen Blick in den Schrank, und hol alles raus! Brauchst du das alles und hast du einen Plan, ob diese Produkte wirklich gut für deine Gesundheit und die Umwelt sind? Checke das mal! Dazu kannst du ja zum Beispiel die Apps **Codecheck** oder **ToxFox** verwenden. Bist du zufrieden mit den Sachen? Wenn nein, warum nicht?

Wische den Schrank nun feucht aus! Hand aufs Herz: Welche Putzmittel brauchst du eigentlich wirklich? Schreib deine Essentials auf.

Entsorge oder verschenke, was du nicht mehr verwenden möchtest. Stelle die restlichen Sachen wieder in den Schrank, und brauche sie auf! Informiere dich, wenn du etwas nachkaufen möchtest über bessere Alternativen!

Was möchtest du in Zukunft beim Kauf von Putzmitteln beachten?

Um wirklich den ultimativen Überblick über die Inhaltsstoffe, in deinen Reinigern zu haben, kannst du sie auch ganz einfach selbst machen. Dazu brauchst du meist nur wenige Zutaten. Apfelessig und Natron sind wahre Helden der Sauberkeit. Online findest du ganz viele einfache Rezepte. Das macht nicht nur ein besseres Gewissen, sondern auch noch Spaß in der Herstellung. Ich kann dir hier besonders alle Rezepte von smarticular.net ans Herz legen.

Mein Buch-Tipp:
»Fünf Hausmittel ersetzen eine Drogerie: Einfach mal selber machen! Mehr als 300 Anwendungen und 33 Rezepte, die Geld sparen und die Umwelt schonen« von Smarticular

MEINE RUMPELKAMMER

So einen kleinen Raum »der Schande« hat wohl jeder von uns. Ob das jetzt ein Keller, ein Abstellraum, ein Schrank oder eine Schublade ist. Irgendwo verstaust auch du ganz bestimmt Sachen, bei denen du teilweise vielleicht nicht mehr weißt, dass du sie überhaupt besitzt. Ich nenne diesen Bereich jetzt einfach »Rumpelkammer«.

Verschaffe dir einen kurzen Überblick über deine Rumpelkammer! Möglicherweise hast du ja sogar durch das ganze Ausmisten der anderen Bereiche hier mehr angehäuft? Was sind deine Gedanken bei dem Anblick?

Diesen Vorgang kennst du ja jetzt schon. Hol alles raus, und wische deine Rumpelkammer feucht aus! Sortiere nur wieder ein, was du wirklich verwendest, brauchst oder dir entspricht! Verabschiede dich von den restlichen Dingen! Verschiedene Möglichkeiten, um die Sachen loszuwerden, findest du in deinem Guide (→ ab Seite 185).

Was möchtest du in Zukunft nach dem Ausmisten beachten?

MEIN SCHREIBTISCH

Der Schreibtisch ist für viele von uns ein wichtiger Platz, an dem Ordnung das A und O sein sollte. Zumindest sorgt ein aufgeräumter Arbeitsplatz für einen klaren Kopf und somit für mehr Kreativität und einen besseren Workflow.

Öffne alle Schubladen oder Schränkchen an deinem Schreibtisch! Was sind deine Gedanken bei dem Anblick?

Hol alle deine Büroartikel aus den Schubläden oder Schränken! Sortiere aus, was du mehrfach hast, was für dich keinen Nutzen hat oder kaputt ist! Wische deinen Schreibtisch und die Schubläden oder Schränke feucht aus, und sortiere alles wieder ein, was du für deine Arbeit brauchst! Wenn du nicht weißt, wohin mit den aussortierten Sachen, gehe wieder in deinen Guide (→ ab Seite 185).
Sortiere außerdem deine Unterlagen, und lege Ordner für sie an! Schaffe auch auf deinem PC, deinen Festplatten und deinem Handy Ordnung! Lösche alles, was überflüssig ist, und sortiere was dableibt!

Was möchtest du in Zukunft nach dem Ausmisten beachten?

MEINE EINFLÜSSE

>»Es ist nicht alles Gold, was glänzt.
Aber es glänzt auch nicht alles , was Gold ist.«
Friedrich Hebbel

Oft erwischen wir uns beim exzessiven Gebrauch von Medien dabei, dass wir später gar nicht mehr wissen, was wir eigentlich die letzten Stunden gemacht haben, oder uns sogar plötzlich schlechter fühlen als zuvor. In diesem Kapitel schauen wir uns an, wovon du dich eigentlich täglich so beeinflussen lässt. Du bist die Essenz aus dem, was du täglich konsumierst. Du kannst dich also entweder lenken lassen, oder das Steuer selbst in die Hand nehmen.

Welche Medien nutzt du regelmäßig und warum?

Wie fühlst du dich nach längerem Gebrauch von Social Media? Was denkst du ist der Grund dafür?

Aufgabe:
Schau mal ganz bewusst nach, wem du auf Social Media eigentlich so folgst! Beeinflusst dich diese Person oder dieser Kanal positiv? Was gibt dir dieser Kanal mit? Was gibt dir dieser Kanal für ein Gefühl?

Entfolge allen Kanälen, die dir nicht entsprechen oder dir ein schlechtes Gefühl geben! Falls du nicht möchtest, dass besagte Person merkt, dass du nicht mehr folgst, gibt es auch schon Funktionen, Profile einfach stumm zu schalten.

Schaue dich um, ob du Kanäle findest, die sich mit deinen Interessen beschäftigen, dich informieren oder dir ein gutes Gefühl mitgeben!

Beobachte dich ab und an, was du auf den sozialen Medien eigentlich so treibst und wie lange du dich im Schnitt dort aufhältst!

Wie fühlst du dich nach dieser Aufgabe und warum?

_____
_____
_____
_____
_____
_____

Wie viel Zeit verbringst du ungefähr vor dem Fernseher und warum? Möchtest du daran etwas ändern und warum?

Welche Sendungen schaust du im Fernsehen und warum?

Liest du Zeitungen, Magazine, Blogs oder Zeitschriften? Wenn ja, welche und warum?

Aufgabe:
Kündige Abos, die du nicht brauchst, wie zum Beispiel Newsletter! Du kannst auch zum Beispiel einen »Keine Werbung-Sticker« an deinem Briefkasten anbringen.

Wer oder was soll dich in Zukunft beeinflussen?

Das Bullshit-Game:
Erinnerst du dich an das Spiel, das ich während der Werbepausen im Fernsehen mit meinem Bruder früher immer gespielt habe? Mittlerweile spiele ich das ein wenig anders.

Beobachte die Werbungen im Fernsehen oder auf Social Media mal ganz genau! Entsprechen die Aussagen der Wahrheit? Wenn du denkst, es ist Blödsinn, was da von sich gegeben wird, schreist du ganz laut: BULLSHIT! Und begründest deine Meinung.

MEINE HERZENSMENSCHEN

»Im Grunde sind es doch die Verbindungen mit Menschen,
die dem Leben seinen Wert geben.«

Wilhelm von Humboldt

Lass uns einen Blick auf deine Herzensmenschen werfen. Damit meine ich deine Familie, Freunde oder andere Menschen, die dir sehr nahe stehen. Du fragst dich jetzt bestimmt, was dieses Kapitel zwischen all den Konsumthemen soll? Gerade dieses hier empfinde ich als eines der wichtigsten. Ich würde zwar jetzt nicht sagen, dass du Menschen »konsumierst«, aber was du sehr wohl konsumierst ist die Zeit mit ihnen.

Wer sind all deine Herzensmenschen? Mit wem verbringst du die meiste Zeit?

Was schätzt du an diesen Menschen besonders, und warum verbringst du gern Zeit mit ihnen?

Wie gut kennst du deine Herzensmenschen? Hörst du ihnen wirklich aufmerksam zu?

Welches Gefühl hast du, nachdem du Zeit mit deinen Freunden verbracht hast?

Hast du das Gefühl, dass du dir selbst treu bleibst und frei sprechen kannst, wenn du Zeit mit deinen Freunden verbringst?

☐ ja   ☐ nein

Mit welchen Menschen kannst du offen über alles sprechen, ohne Angst vor Verurteilung haben zu müssen?

_____
_____
_____
_____
_____

Können deine Herzensmenschen alles bei DIR ansprechen, ohne Angst vor Verurteilung haben zu müssen?

☐ ja   ☐ nein

Wie fühlst du dich, wenn du Zeit allein verbringst? Würdest du sagen, dass du selbst ein Herzensmensch von dir bist? Begründe deine Antwort!

_____
_____
_____
_____
_____

> **Aufgabe:**
> Gehe in die Rolle des Beobachters, und schaue dir in den kommenden Wochen von außen zu, wenn du Zeit mit anderen Menschen verbringst! Wie verhältst du dich? Tun dir diese Verbindungen gut? Kannst du du selbst sein, ohne verurteilt zu werden? Bist du verurteilend? Wie sprichst du mit anderen? Wie sprechen andere mit dir? Triffst du auf Verständnis? Zeigst du Verständnis? Hört man dir zu? Hörst du zu?

Es ist absolut in Ordnung, wenn du eine Zeit lang keine engen Freunde hast. Manchmal ist es sogar von Vorteil, so kannst du dich selbst besser kennenlernen und erkennst, dass dein allerbester und immer dableibender Freund du selbst bist. Wenn du deine Wahrheit sprichst und dich nicht verstellst oder verbiegst, werden früher oder später Menschen in dein Leben kommen, bei denen du ganz du sein kannst. Ich dachte immer, ich müsse den Kontakt zu Menschen, mit denen eine Freundschaft oder Beziehung gerade nicht für mich funktioniert, direkt abbrechen und diese für immer aus meinem Leben schließen. Nur weil eine Verbindung aber im Moment nicht für mich gemacht ist, heißt das nicht, dass diese Person nicht an einem anderen Moment durchaus in mein Leben passen könnte.

Deshalb habe ich für mich entdeckt, meine Zeit als wertvolles Gut zu betrachten, welches ich nur denjenigen schenke, die diese auch wertschätzen und bei denen ich frei meine Persönlichkeit entfalten kann. Offene Kommunikation, Zuhören, Verstehenwollen, Verzeihen und Akzeptierenkönnen, sich Freiraum zur Entfaltung geben, sich beim Wachsen unterstützen wollen und Wertschätzung von beiden Seiten sind der Schlüssel für tiefe und wahre Verbindungen.

Aufgabe:
Sag den Leuten, die dir guttun, was du an ihnen schätzt und wie gern du sie hast. Sie freuen sich ganz bestimmt sehr, das von dir zu hören.

Meine Buch-Tipps:
»Jeder ist beziehungsfähig – Der goldene Weg zwischen Freiheit und Nähe« von Stefanie Stahl

»Gewaltfreie Kommunikation – Eine Sprache des Lebens« von Marshall B. Rosenberg

»Gefühle sind zum Fühlen da – Das Handbuch vom positiven Umgang mit negativen Emotionen« von Safi Nidiaye

MEINE FINANZEN

»The secret of happiness, you see, is not found in seeking more, but in developing the capacity to enjoy less.«

Sokrates

Wie viel Geld investierst du ungefähr in Prozent für welche Dinge oder Tätigkeiten? (Beispiele: Essen, Miete, Auto, Sport, Reisen, Kleidung, Feiern, usw.) Fülle den Kreis ungefähr nach Gefühl wie ein Tortendiagramm aus!

Wofür gibst du momentan das meiste Geld aus und warum?

Wie viel Geld denkst du, brauchst du monatlich mindestens, um ein glückliches und erfülltes Leben führen zu können?

Hast du einen guten Überblick über deine Finanzen, und wie fühlst du dich damit?

Ich habe einen guten Überblick und fühle mich damit …

Ich weiß eigentlich gar nicht so wirklich, wie viel Geld ich für was ausgebe und fühle mich damit …

Verschaffe dir einen Überblick über deine monatlichen Fixkosten, indem du zum Beispiel deine Kontoauszüge genauer durchgehst und hier alles einträgst!

Ausgaben	Monatliche Kosten
Gesamtsumme	

Wie hoch ist dein monatliches Einkommen? Wie viel Geld bleibt nach dem Abzug deiner Fixkosten übrig?

Bist du zufrieden mit der Einteilung? Wenn nein, was könntest du verändern, um deine Fixkosten zu senken?

Für was gibst du das Geld aus, das nicht für Fixkosten draufgeht?

Bist du zufrieden mit deinem Einkommen?

Ja, weil ...

_____
_____

Nein, weil ...

_____
_____

Würdest du sagen, dass dein Glück von deinem Einkommen abhängt?

Ja, weil ...

_____
_____

Nein, weil ...

_____
_____

Machst du dir oft Gedanken um Geld? Wenn ja, warum?

Was würdest du tun, wenn du so reich wärst, dass du dir um Geld keine Gedanken machen müsstest? Welches Gefühl würde dir das geben? Beschreibe das Gefühl ganz genau.

Denkst du, man könnte dieses eben beschriebene Gefühl auch ohne viel Geld erleben? Wenn ja, wie zum Beispiel?

MEINE UMWELT

> »Jeder möchte die Welt verbessern,
> und jeder könnte es auch,
> wenn er nur bei sich selbst anfangen wollte.«
> *Karl Heinrich Waggerl*

Ein Ort, an dem wir alle zusammenarbeiten sollten, aufzuräumen, ist die Erde. »Veränderung beginnt bei dir selbst.« Wer sein Konsumverhalten, egal in welchem Bereich, überdenkt und bewusster konsumiert, tut der Erde einen großen Gefallen. Durch eine Reduktion deines Konsums werden weniger Ressourcen verbraucht und weniger Abfall, Abgase, CO_2 und Schadstoffe produziert.

Sogar wenn du deinen Umgang mit Menschen überdenkst, sorgst du im Umkehrschluss dafür, dass du und andere zufriedener sind und somit womöglich weniger konsumiert wird.

Der beste Umweltschutz ist also, an sich selbst zu arbeiten und dadurch auch sein Umfeld zu beeinflussen. Je weniger du dem Konsumwahn folgst, desto mehr Zeit hast du wiederum, an dir zu arbeiten.

Dinge, die du zusätzlich noch für die Umwelt tun kannst:

- Wechsle zu einem Ökostromanbieter

- Bevorzuge umweltfreundliche Geldanlagen wie zum Beispiel eine Bank, die in umweltfreundliche Projekte investiert

- Bevorzuge unverpackte Produkte und umweltfreundlichere Verpackungen

- Verwende Alternativen ohne Plastik

- Kaufe Mehrweg- statt Einwegprodukte

- Nimm öffentliche Verkehrsmittel oder dein Rad

- Reise doch mal in deinem eigenen Land umher, anstatt dich in den Flieger zu setzen und in die Ferne zu reisen

- Mache dich schlau, und teile dein Wissen

- Unterstütze Organisationen, Vereine oder andere soziale Bewegungen wie »Fridays for Future« oder »Extinction Rebellion«, die sich für eine bessere Umweltpolitik stark machen

Meine Doku-Tipps:
»Dominion« – dominionmovement.com
»Plastic Planet« – Amazon Video
»A plastic Ocean« – Netflix
»Before the flood« – Netflix

Meine Buch-Tipps:
»Die Öko-Challenge – Bewusster leben und konsumieren« von Komplett Media

»Die Menschheit schafft sich ab – Die Erde im Griff des Anthropozän« von Harald Lesch und Klaus Kamphausen

»Mein Herz schlägt grün – Weltverbessern für Anfänger« von Louisa Dellert

Der Hauptverursacher ...

der bereits laufenden globalen Erwärmung ist laut Wissenschaftsakademien aus 80 Ländern, vielen weiteren wissenschaftlichen Organisationen und über 90 Prozent der Klimawissenschaftler,

... der Mensch.

Mehr als 8,3 Milliarden Tonnen Plastik wurden seit 1950 erzeugt. 79 Prozent des weltweiten Plastikmülls endet auf Mülldeponien oder in der Natur. Nur 12 Prozent werden verbrannt und nur 9 Prozent recycelt und das meist nur einmal.

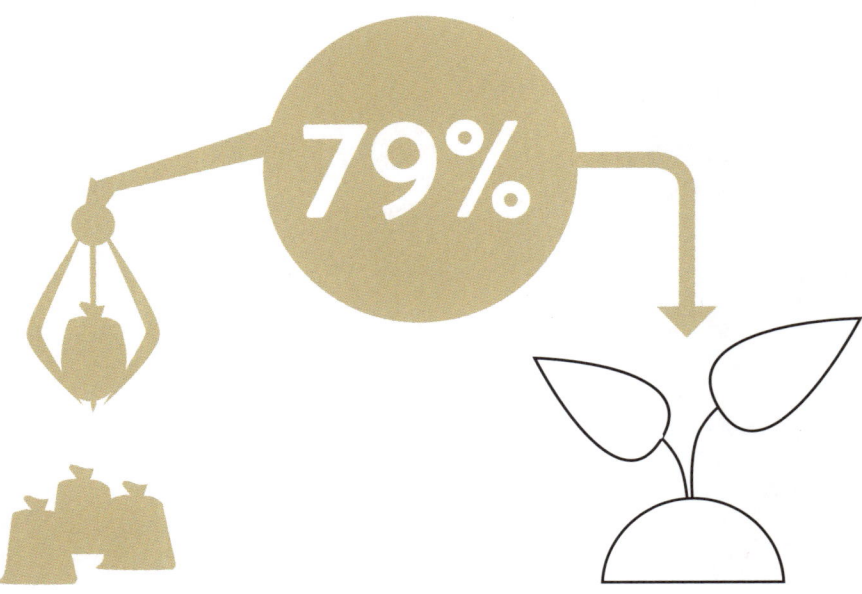

Die landwirtschaftliche Tierhaltung, und damit der Konsum tierischer Produkte, ist in hohem Maße für den Klimawandel verantwortlich. Laut der Ernährungs- und Landwirtschaftsorganisation der Vereinten Nationen (FAO) haben 14,5 Prozent der weltweit ausgestoßenen Treibhausgase ihren Ursprung in der Landwirtschaft.

14,5% der weltweit ausgestoßenen Treibhausgase kommen aus der Landwirtschaft

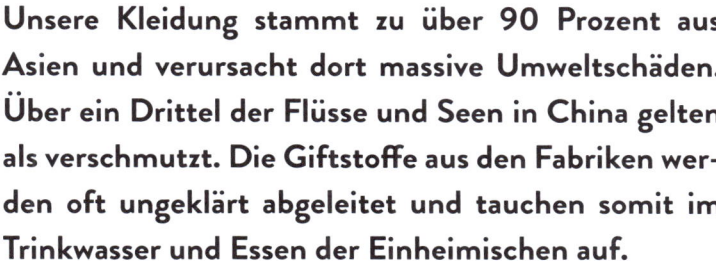

Unsere Kleidung stammt zu über 90 Prozent aus Asien und verursacht dort massive Umweltschäden. Über ein Drittel der Flüsse und Seen in China gelten als verschmutzt. Die Giftstoffe aus den Fabriken werden oft ungeklärt abgeleitet und tauchen somit im Trinkwasser und Essen der Einheimischen auf.

Meine Website-Tipps:
Besuch doch mal die Webseiten umweltschutz.de und klimafakten.de, dort wirst du mit den aktuellsten Zahlen und Fakten versorgt.

Waren dir diese Umstände bereits bewusst? Schreib deine Gedanken auf. Wie fühlst du dich mit all den neuen Informationen?

_____
_____
_____
_____
_____
_____
_____
_____

Was tust du schon jetzt für den Umweltschutz?

_____
_____
_____
_____
_____
_____
_____
_____

Möchtest du in Zukunft noch mehr tun, um die Umwelt zu schützen? Wenn ja, wie?

MEIN GUIDE

Als kleine Hilfestellung findest du hier einen Guide, um bewusster zu werden und bewusster zu bleiben, auf den du immer wieder einen Blick werfen kannst.

DER BEWUSSTE WEG, DER ÜBERALL KLAPPT

1. Einen Überblick verschaffen
Womit verbringe ich meine Zeit? Welche Menschen umgeben mich? Welche Dinge umgeben mich? Wie fühle ich mich damit?

2. Loslassen, was dir nicht entspricht
Dinge ausmisten, die nicht mehr passen, gefallen, funktionieren. Menschen gehen lassen, die dir nicht guttun.
Stell dir die Frage: Brauche ich das in meinem Leben?

3. Zu schätzen wissen, was bleiben darf
Dinge, die in deinem Leben bleiben, auch wirklich verwenden, sie wahrnehmen, sie hinterfragen, sich darüber informieren, dankbar für sie sein. Menschen, denen du Zeit widmest auch wirklich kennenlernen, sie wertschätzen, sie verstehen wollen.

4. Nur reinlassen, was dir entspricht
Jetzt, wo du dir einen Überblick und Klarheit darüber verschafft hast, was du willst und nicht willst, wird es dir auch leichter fallen, künftig nur das in dein Leben zu lassen, was du brauchst, dir entspricht, dir einen Mehrwert bringt oder dir wirklich guttut.

Egal in welchem Bereich deines Lebens du gern bewusster werden möchtest oder Klarheit brauchst, es gibt einen Weg, der überall funktioniert. Dabei ist es ganz egal, ob es um deine Gedanken, deinen Kleiderschrank, deine Freundschaften, deine Apps auf dem Handy oder um deinen Keller geht. Alles ist zwar komplett verschieden, aber lässt sich doch auf eine ähnliche Weise behandeln. Es könnte auch vorkommen, dass du in den Schritten wild hin- und her springst.

WOHIN MIT ALL DEM ZEUG?

Der Grundstein für ein bewusstes Konsumverhalten ist also, dass du weißt, was du bereits hast und all die Dinge auch wirklich verwendest. So muss alles, was dir nicht entspricht, »ausgemistet« werden. Aber wohin dann mit all den Sachen? Hier zeige ich dir ein paar Möglichkeiten, deine Sachen loszuwerden.

Verkaufen

Auf der Hand liegt natürlich, die Dinge zu verkaufen. Du kannst entweder bei einem Flohmarkt mitwirken oder sogar selbst einen veranstalten. Auch online kannst du Dinge super für ein bisschen Bares loswerden. Hier gibt es viele Webseiten, die extra dafür gedacht sind. Oder zum Beispiel über Facebookgruppen oder Instagram geht das ganz einfach.

Meine Website-Tipps:
shpock.com/de-at
ebay-kleinanzeigen.de
kleiderkreisel.at
maedchenflohmarkt.at
momox.at
willhaben.at
nebenan.de

MEIN GUIDE

Verschenken

Verschenke die Sachen doch an jemanden in deinem Umfeld, der vielleicht mehr damit anfangen kann als du. Falls du zum Beispiel in einem Wohnhaus wohnst, kannst du bei kleinen Sachen eine Box zum Verschenken vorbereiten und ins Treppenhaus stellen. In manchen Städten gibt es bereits »Verschenkläden«, wo man Dinge einfach hinbringen und mitnehmen kann.

Meine Website-Tipps:
nebenan.de
toogoodtogo.de
foodsharing.de

Spenden

Viele Menschen sind auf Spenden angewiesen und freuen sich möglicherweise über das, was du weggeben möchtest. Schau online, welche Hilfsorganisationen oder Heime in deiner Nähe Sachspenden gebrauchen können.

Diese Seite hilft dir möglicherweise bei deiner Suche:
wohindamit.org

Hier einige Organisationen, die sich über Sachspenden freuen:
volkshilfe.at   diakonie.at
carla.at   sos-kinderdorf.de
sozialmarkt.at   caritas.de

Mein Tipp:
Google einfach nach »Sozialkaufhäuser« (in Deutschland oder in Österreich). Da findest du bestimmt eines in deiner Nähe, wo du dann einfach deine aussortierten Sachen hinbringen kannst.

Upcycling

Aus alt mach neu! Möglicherweise hast du ja Geschick und kannst aus kaputten oder nicht mehr brauchbaren Sachen etwas Neues zaubern. Viele Leute machen das sogar zu ihrem Hobby. Mittlerweile gibt es viele Repaircafés, in denen man Hilfe beim Reparieren seiner kaputten Sachen bekommt. Basteln und reparieren kann Spaß machen, und am Ende ist man stolz auf sich und sein Werk. Falls nicht, kannst du zumindest Putzlappen aus alter Kleidung schneiden.

Entsorgen

Dinge, die man nicht mehr reparieren kann oder niemand mehr haben möchte, kannst du gewissenhaft und fachgerecht entsorgen.

MEIN GUIDE

MEINE EINKAUFSPYRAMIDE

Diese Pyramide dient dir als Hilfestellung bei deinen Einkäufen.

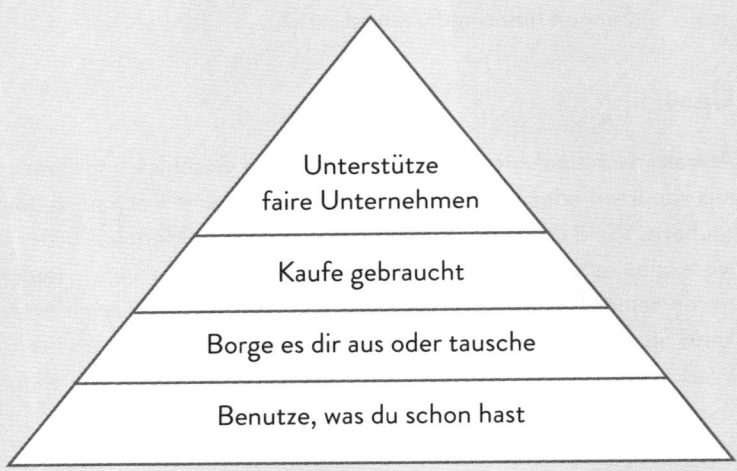

1. Benutze, was du schon hast

Verwende, was du schon zu Hause hast. Meistens vergisst oder übersieht man, dass man etwas bereits besitzt. Achte auch auf all deine Dinge, und repariere sie, wenn möglich. Für viele Sachen gibt es Anlaufstellen, bei denen man Hilfe für Reparaturen findet. Anstatt die heiß geliebten Schuhe wegen eines abgebrochenen Stöckels wegzuschmeißen und zu ersetzen, bring sie doch zum Schuster.

2. Borg es dir aus oder tausche

Falls du etwas nur zu einem bestimmten Anlass oder nur einmal brauchst, leihe es dir von Freunden oder Nachbarn aus. Es gibt bereits viele Plattformen online, die Leihservices anbieten. Leihläden sind ebenfalls keine Seltenheit mehr. Du kannst außerdem Dinge tauschen, wofür es Veranstaltungen aller Art gibt.

Meine Website-Tipps:
nebenan.de
usetwice.at

Mein Buch-Tipp:
»Just share it! Der Guide zum Teilen, Tauschen, Leihen« von Veronica Frenzel

3. Kaufe gebraucht

Schon mal daran gedacht, Dinge zu kaufen, die wie neu sind, aber nicht extra produziert werden müssen, damit du sie verwenden kannst? In Secondhandläden, auf Flohmärkten oder im Online-Flohmarkt wirst du bestimmt fündig. Andere Leute geben oft Dinge weg, die für dich ein Träumchen sind.

Meine Website-Tipps, auf denen du second hand shoppen kannst:
shpock.com/de-at
ebay-kleinanzeigen.de
kleiderkreisel.at
maedchenflohmarkt.at
rebuy.de
willhaben.at

MEIN GUIDE

4. Unterstütze faire Unternehmen

Kaufe bei Unternehmen, die deine Werte vertreten. Also im besten Fall nachhaltige, faire, kleine, regionale Unternehmen. Informiere dich gut über die Firmen, die du mit deinem Geld unterstützt. Achte beim Kauf auf die Qualität und Lebensdauer der Ware.

Meine Einkaufspyramide stellt den Idealfall da. Falls das so nicht klappen sollte, sei dir selbst nicht böse. Wie schon öfter erwähnt ist eine Umstellung ein Lernprozess. Lenke deine Aufmerksamkeit viel eher darauf, wenn du es geschafft hast, etwas besser zu machen als zuvor.

KONSUMFRAGEN

Einige Fragen, die du dir je nachdem, was dir wichtig ist, stellen kannst, bevor du etwas kaufst/konsumierst. Vergiss nicht: Dein Konsum bestimmt das Angebot!

Allgemein
- Brauche/Möchte ich das wirklich?
- Werde ich das Produkt oft verwenden?
- Ist das Produkt qualitativ hochwertig?
- Kann ich es noch lange verwenden?

Persönliche Präferenzen
- Gefällt, steht, passt oder schmeckt mir das?

Eigene mentale und körperliche Gesundheit
- Ist das gut für meine Gesundheit?

Menschenrechte
- Wie waren die Arbeitsbedingungen für die Arbeiter?
- Werden die Arbeiter fair entlohnt?

Umwelt- und Klimaschutz
- Sind die Inhaltsstoffe schädlich für die Umwelt?
- Wie viele Ressourcen wurden dafür verbraucht?
- Wie viel Müll wird beim Konsum entstehen?

Tierschutz
- Musste dafür ein Lebewesen leiden?
- Musste dafür ein Lebewesen sterben?

MEIN GUIDE

 Mein Tipp, um Inhaltsstoffe von Produkten abzuchecken: codecheck.info

Wie habe ich möglichst lange etwas von Neukäufen?

Wenn du dir was Neues kaufst, sparst du dir viel Zeit, Geld und Mühe, wenn du von Anfang an auf die Langlebigkeit der Sachen achtest. Wie habe ich also möglichst lange was davon?

Qualitätscheck
Qualität statt Quantität ist ja quasi der Inhalt dieses Buchs. Achte beim Kauf darauf, dass Dinge gut verarbeitet und aus langlebigen Materialien gemacht sind. Je besser die Qualität, desto länger hast du was davon.

Finde deine All-Time-Favorites – setze auf Basics
Wenn du schon beim Kauf darauf achtest, dass dir das Teil möglichst lange gefällt, wirst du später nicht das Problem haben, dass dein Geschmack sich einfach verändert hat. Laufe am besten nicht allen Trends hinterher, die möglicherweise nur eine kurze

Zeit anhalten. Setze auf Basics! Gerade bei Kleidung lässt man sich schnell dazu verleiten, etwas zu kaufen, das gerade in Mode ist. Finde also heraus, was dir wirklich gefällt, und stelle dir deine All-Time-Favorites zusammen. Sozusagen dein persönliches Starterkit mit Dingen beziehungsweise Klamotten, die du für dein Leben brauchst. All das bleibt dann so lange bei dir, bis es entweder kaputt geht oder deine Kleidung »aufgetragen« ist.

Kann man das reparieren?
Achte wenn möglich schon beim Kauf eines Artikels darauf, ob er im Notfall reparierbar wäre. Gerade bei Elektrogeräten wird in der Produktion immer mehr darauf geachtet, die Produkte günstiger herzustellen und unreparierbar zu machen. So muss der Kunde öfter kaufen. Wenn es günstiger ist, sich etwas neu zu kaufen, als es zu reparieren, kurbelt das zwar die Wirtschaft an, produziert aber auch Berge an Schrott. Zum Beispiel sind viele Handmixer, die man früher noch aufschrauben konnte, um das Innenleben wieder funktionstüchtig zu machen, nun verklebt und würden beim Öffnen direkt komplett kaputt gehen. Waschmaschinen sind da auch ein gutes Beispiel. Oft sind ältere Modelle deshalb sogar langlebiger als neu produzierte.

Was tun, wenn der Konsumrausch kickt?

Wer kennt es nicht? Du bist emotional möglicherweise etwas angeschlagen und findest dich in einer Situation wieder, in der du einen Warenkorb voll mit Dingen gesammelt hast, die du gar nicht wirklich brauchst. Du wolltest eigentlich nur schnell in die Drogerie, um eine Zahnbürste zu kaufen und du konntest nicht widerstehen auch noch zehn andere schöne Dinge mitzunehmen. Also, was tun, wenn der Kaufrausch kickt?

MEIN GUIDE

1. Nichts kaufen
Klingt einfach, erfordert aber starke Willenskraft. Das Gefühl eines unbewussten Kaufrausches erkennst du sofort. Kaufe erst mal nicht, und halte dich fern von den Läden oder Webseiten.

2. Zur Ruhe kommen
Nimm dir Zeit, um zur Ruhe zu kommen. Das hört sich jetzt vielleicht dämlich an, aber atme einige Male tief durch. Möglicherweise findest du auch Gefallen daran zu meditieren. Im ruhigen Moment wirst du spüren, dass diese Käufe nicht nötig sind.

3. Kaufwünsche aufschreiben
Versuche mal, deine Kaufwünsche niederzuschreiben und den Zettel für ein paar Tage wegzulegen. Kannst du dich nach einer Woche noch an deine Wünsche erinnern? Brauchst du das Ding immer noch? Je länger du warten kannst, desto sicherer wirst du, ob du es kaufen solltest oder nicht. Denn, was du schnell vergisst, wäre ein Fehlkauf gewesen.

4. Schränke auf
Je nachdem, was du kaufen möchtest, öffnest du den passenden Schrank in deiner Wohnung und schaust dir die vorhandenen Dinge ganz genau an. Wenn es zum Beispiel um Kleidung geht, hol wieder einige alte Sachen aus deinem Kleiderschrank, und zieh sie an. Beschäftige dich mit dem, was du zu Hause hast, und das Verlangen, mehr dazuzukaufen wird dann oft kleiner.

WENN DU MAL VERZWEIFELN SOLLTEST

Achtung, Augen öffnen kann wehtun. Das ist auch der Grund, warum sich leider zu wenige trauen, etwas zu tun. Je mehr du dich mit deinem Umfeld auseinandersetzt, desto mehr wird dir auch bewusst, was alles schief läuft auf dieser Erde und was du bis jetzt alles »falsch« gemacht hast. Das kann zu Frust und Überforderung führen. Du wirst ganz schnell ganz viel erfahren, und es ist normal, alles gleichzeitig verändern zu wollen. Schnell fragt man sich: »Warum wusste ich das nicht alles schon früher?«

Was aber auch noch mit dazu kommt, wenn du gegen den Strom schwimmst, ist, dass dich gefühlt keiner verstehen möchte. Vor allem wenn du selbst anfängst, etwas zu verändern und mit vollem Herzen dabei bist, fällt oft der Blick auf andere. Wenn du beim Einkaufen in die Wägen der Menschen vor dir schaust und bergeweise Billigfleisch entdeckst, welches mit Plastik umhüllt ist, während du mit vollem Elan für das Recht der Tiere kämpfst oder Verpackungsmüll reduzieren möchtest, kann das richtig wehtun. Weltschmerz nennt man das.

Oder wenn du dich jedes Mal aufs Neue erklären musst, warum du beim Grillen lieber etwas Pflanzliches aufs Feuer legst, aber deine Argumente gegen eine Wand prallen. Du entdeckst große Firmen, die mit Greenwashing-Kampagnen Massen an Konsumenten täuschen, und gefühlt niemand in deiner Umgebung kann sehen, was du siehst. Vielleicht verstehen dich auch einfach viele Menschen nicht und fühlen sich allein von deiner Anwesenheit oder deinen Versuchen, etwas zu verändern, angegriffen.

MEIN GUIDE

Wie du aus all dieser Negativität und Verzweiflung rauskommst zeige ich dir jetzt.

Zeige Verständnis für dich selbst

Wenn man anfängt, sich bewusst mit seinem Konsumverhalten auseinanderzusetzen, kommt es oft vor, dass man in allen Bereichen alles gleichzeitig verändern möchte und übernimmt sich damit sehr schnell. Du bist keine Maschine, und Veränderung jeglicher Art ist ein Prozess, der seine Zeit beansprucht. Wenn du dich selbst überforderst, ist das Risiko, dass du keine Lust mehr hast, auch gleich um einiges höher. Nur weil ich etwas in der Theorie verstanden habe, heißt das noch lange nicht, dass ich es auch sofort in die Praxis umsetzen kann.

Gib dir Zeit, und verurteile dich nicht selbst. Denke auch immer daran, dass es dein persönlicher Weg ist und du dich deshalb auch nicht mit anderen vergleichen solltest. Das hier ist kein Wettbewerb, wer alles am besten macht, sondern eine Zusammenarbeit, bei der jeder macht, was er kann.

Du musst erst lernen, Fehler machen und wachsen. Die Erkenntnis ist nur der erste Schritt.

Werkzeuge der Veränderung

Üben

Fehler machen

Liebe

Geduld

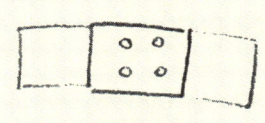
Verletzlichkeit

Verzweiflung

Stolz

MEIN GUIDE

Zeige Verständnis für andere

»Wir alle streben nach Glück und wollen Leid vermeiden.«
Dalai Lama

Genauso, wie du dich nicht verurteilen solltest, solltest du das auch nicht bei anderen tun. Ich weiß, es tut weh, wenn man sich selbst den Arsch aufreißt, aber sieht, wie gefühlt alle um einen einfach nichts verändern. Ich kenne dieses Gefühl von Ohnmacht. Anstatt hier zu verzweifeln, ist es wichtig, dass du dir immer vor Augen hältst, dass alle Menschen auf dieser Erde das gleiche Ziel verfolgen: Sie möchten Anerkennung und Liebe und leben nach den Regeln, nach denen sie erzogen wurden. Genauso wie du und ich. Einigen Menschen fehlen nur einfach viele Informationen, oder sie haben schreckliche Angst vor Veränderung. Manche haben auch in ihrer Lebenssituation möglicherweise nicht die Kraft, von selbst etwas zu tun und brauchen Hilfe von außen anstatt Verurteilung.

Versuche, dich immer in den anderen hineinzuversetzen, und begegne deinem Gegenüber mit Verständnis und Liebe. Jeder Mensch hat sein eigenes Tempo und ist an einem anderen Punkt seiner Reise.

Niemand möchte verurteilt werden und schon gar nicht für Dinge, die man nie absichtlich falsch gemacht hat. Deshalb sorgt Verurteilung auch für Abwehr. Was nicht nur in diesem Fall mehr als nur kontraproduktiv ist. Versuche, an deinem persönlichen Weg zu arbeiten. Denn mit deiner Ausstrahlung wirst du auch automatisch Menschen inspirieren, sich selbstständig zu informieren und etwas ändern zu wollen. Wenn sich jemand von deiner Anwesenheit angegriffen fühlt, sich ohne herausgefordert zu werden verteidigt und versucht, dich schlecht zu machen, weil du Gutes tust, ist dieser Mensch nicht genervt von dir als Person, sondern hat vielmehr Angst, vor anderen schlecht dazustehen.

Geh positiv an die Sache heran, und lasse die Menschen in deiner Umgebung spüren, dass du sie nicht verurteilst, wenn sie nicht nach deinen Regeln leben. Du wirst sehen, dass deine positive Ausstrahlung andere neugierig macht und sie von selbst Interesse zeigen werden. Plötzlich wirst du dein Umfeld mit deiner positiven Energie anstecken. Positivität ist genauso ansteckend wie Negativität. Nutze das!

Inspirieren ist besser als Missionieren.

Fehler sind wertvoll

Noch einfacher fällt es, sich selbst und andere nicht zu verurteilen, wenn man erkennt, wie wertvoll es eigentlich sein kann, Fehler zu machen. Stell dir dein Leben wie ein Computerspiel vor. Du musst in dem Spiel Missionen erfüllen. Diese werden dir in Form von Fehlern gezeigt. Jeder Fehler, den du löst oder bewältigst, sorgt dafür, dass du Wissen erlangst und somit ein Level aufsteigst. Ist der Fehler nicht gelöst, hast du das Spiel zwar nicht verloren, der Fehler wird dir aber so lange immer wieder passieren, bis du dich mit ihm auseinandersetzt.

Mit dieser Denkweise schaffe ich es, mich mittlerweile sogar über Fehler zu freuen. Dann habe ich wieder etwas gefunden, wo ich

MEIN GUIDE

mich noch verbessern kann. Deshalb ist das Wort »Fehler« für mich auf keinen Fall negativ behaftet.

**Fehler sind nichts Negatives.
Sie sind nur Chancen zu erkennen,
wo man noch etwas lernen kann.**

Lenke den Fokus auf das bereits Erreichte

Anstatt dich nur darauf zu versteifen, was du noch nicht geschafft hast, ist es wichtig, den Fokus auf das bereits Erreichte zu lenken. Klar ist es wichtig, Ziele zu haben und denen in deinem eigenen Tempo nachzugehen, aber auch mal einen Blick nach hinten zu werfen, kann motivieren. Mir persönlich hat es sehr geholfen, eine Liste mit Dingen zu schreiben, auf die ich stolz bin und die ich bereits umgesetzt habe.

**Feiere deine Erfolge,
und sei stolz auf alles,
was du schon geschafft hast.**

Dankbarkeit als Lebenselixier

Wenn ich dir in diesem Buch nur ein einziges Ding mit auf deinen Weg geben dürfte, würde ich mich ohne zu zögern direkt für die Dankbarkeit entscheiden. Was Dankbarkeit mit bewusstem Konsum zu tun hat, ist eigentlich ganz einfach:

**Wer dankbar ist, ist glücklicher,
wer glücklicher ist, konsumiert bewusster.**

Wusstest du, dass man nicht gleichzeitig dankbar und unglücklich sein kann? Das ist für die Psyche gar nicht möglich. Das ist auch der Grund, warum in vielen Meditationen oder Therapien mit Dankbarkeitsübungen gearbeitet wird. Je mehr du hast, desto schwerer wird es auch, dankbar zu sein. Klingt im ersten Augenblick komisch, ist aber ganz logisch. Wenn du zum Beispiel ewig keine Schokolade essen durftest und dann den ersten Bissen von einem Stück nimmst, verspürst du unendliche Dankbarkeit und Glück – vorausgesetzt du magst Schokolade. Wenn du aber jeden Tag welche geschenkt bekommst, kannst du sie irgendwann nicht mehr sehen.

Dankbarkeit ist etwas, das sehr viele von uns durch die tägliche Reizüberflutung und den Überkonsum also einfach verlernt haben. Wir sind darauf konditioniert, uns damit zu beschäftigen, was uns im Leben fehlt oder wir NICHT haben, als die Perspektive zu wechseln und zu erkennen, wie gut es uns geht und wofür wir dankbar sein können.

**Je weniger man im Leben also hat,
desto mehr kann man sich über Einzelnes freuen.**

Damit meine ich jetzt bestimmt nicht, dass du alles aufgeben und auf die Straße ziehen sollst. Aber vielleicht denkst du ja jetzt anders über finanziellen Reichtum. Das ist auch der Grund, warum wir uns eher über etwas beschweren, als für etwas dankbar zu sein. Wir haben einfach zu viel. Wenn wir irgendwo eine Bewertung abgeben, dann sehr oft nur, um uns zu beschweren. Beobachte eine Zeit lang den Small Talk der Menschen in deiner Umgebung. Dankbarkeit hört man da eher selten heraus. Oder beobachte dich einfach selbst, möglicherweise fällt dir ja was auf.

MEIN GUIDE

Es gibt mehrere Techniken, sich die Dankbarkeit wieder anzueignen. Ganz klassisch wäre es, direkt nach dem Aufstehen drei Dinge niederzuschreiben, für die man gerade im Moment dankbar ist. Also das Führen eines klassischen Dankbarkeitstagebuchs. Da ich persönlich nicht so der Typ bin, etwas auf lange Zeit täglich zu machen, habe ich mir eine andere Technik ausgedacht. Ich habe versucht, die Dankbarkeit im Lauf des Tages einfach immer wieder in mein Gedächtnis zu rufen. Je länger und öfter man das macht, desto mehr wird diese Denkweise für dich natürlich und normal. Vor allem wenn ich im Leben vor eine schwierige Situation gestellt werde, hilft mir ein Perspektivenwechsel. Ich nenne das gern meine »Dankbarkeitsübung«.

Hier ein Beispiel für eine Dankbarkeitsübung

In einer Zeit, in der ich wegen meiner Arbeit recht viel um die Ohren hatte, gab auf einmal meine Spülmaschine den Geist auf. Anstatt mich wie sonst fürchterlich zu ärgern, weil ich ja auf die Reparatur warten und händisch abspülen musste, begann ich zu überlegen, wofür ich in dieser Situation dankbar sein könnte und mir fiel tatsächlich so einiges ein:

- Die Maschine war noch in der Garantiezeit, und ich musste nichts für die Reparatur bezahlen.
- Ich kann dankbar sein, überhaupt eine Spülmaschine zu besitzen. Für viele Menschen ist es normal, mit der Hand abzuspülen.
- Es gibt Menschen, die meine Maschine wieder reparieren können.
- Ich spare Wasser.
- Beim Spülen per Hand kann ich mal durchatmen.

Diese Technik habe ich schon in so vielen Situationen angewandt, und es funktioniert immer. So tanze ich jetzt zum Beispiel barfuß im

Regen, weil ich dankbar bin, dass der Regen unsere Pflanzen nährt, anstatt ihn als »schlechtes Wetter« abzustempeln.

Auch was die Beziehung zu meinem Körper angeht, hat mir Dankbarkeit die Augen geöffnet. Anstatt mich darum zu kümmern, dass ich Dellen am Po habe, bin ich dankbar, dass meine Beine mich tragen, dass mein Herz schlägt oder dass mir mein Po eine bequeme Möglichkeit bietet zu sitzen. Unsere Körper sind selbstheilende Wunderwerke der Natur, die es uns täglich möglich machen, dieses Leben erleben zu können. Sie wegen ein paar unwichtiger Kleinigkeiten so schlecht zu reden, ist doch recht undankbar.

Probiere diese Technik mal für dich aus! Ich bin mir ganz sicher, dass du bei stetiger Wiederholung pure Momente des Glücks erleben wirst. Die Müllabfuhr ist mir jetzt nicht mehr zu laut, sondern ich würde die Menschen, die täglich meinen Müll abholen, gern umarmen, weil ich ihnen aus vollstem Herzen dankbar bin, dass sie diesen Job übernehmen.

Dankbarkeit ist der Schlüssel des Glücks.
Es ist nicht möglich, im selben Augenblick dankbar
und unglücklich zu sein.

MEINE INSPIRATIONEN

Es gibt unzählige Inspirationsquellen zu all den Themen, die ich in diesem Buch hier anschneide. Bücher, Blogs, Dokus, Podcasts, Social-Media-Kanäle und vieles mehr. Hier möchte ich dir die Bücher und Dokus vorstellen, die mein Leben verändert haben.

BÜCHER

»Das Kind in dir muss Heimat finden – Der Schlüssel zur Lösung (fast) aller Probleme« von Stefanie Stahl
Wenn ich nur ein Buch vorstellen dürfte, wäre es dieses. Es geht darum, falsche Glaubenssätze aus seiner Kindheit zu lösen und sich selbst besser verstehen und auch seelisch heilen zu können. Dieses Buch war für mich wie eine einjährige Therapiesitzung und hat viel dazu beigetragen, dass ich nun mit mir im Reinen bin.

»Jeder ist beziehungsfähig – Der goldene Weg zwischen Freiheit und Nähe« von Stefanie Stahl
Ja, ich weiß, selbe Autorin. Sie hat's einfach drauf. Bei dem Titel lässt sich vermuten, es würde sich nur um romantische Beziehungen handeln, also um die Partnersuche. Das ist aber nicht der Fall. Durch dieses Buch konnte ich mein Gegenüber jeder Art auf einmal besser verstehen.

»Gefühle sind zum Fühlen da – Das Handbuch vom positiven Umgang mit negativen Emotionen« von Safi Nidiaye
Der Titel sagt eigentlich eh schon alles. Leider ist es in unserer Gesellschaft nicht gängig, dass alle Gefühle wertvoll sind und ihre Aufmerksamkeit brauchen. Safi Nidiaye hat mir mit diesem Buch sehr geholfen, mit jeglicher Art von Gefühlen richtig umgehen zu können und mit ihnen im Frieden zu sein.

»So einfach ist das Glück« – Dalai Lama
Karin Lichtenauer fasst die Weisheiten des 14. Dalai Lamas Tenzin Gyatso zusammen. Es ist für mich wie eine Anleitung zum friedvollen und glücklichen Leben in kurzen, knackigen und leicht verständlichen Kapiteln.

»Jetzt! Die Kraft der Gegenwart« von Eckhart Tolle
Eckhart Tolle beschäftigt sich mit dem Moment der absoluten Gegenwart. Dieses Buch hilft dabei, Frieden mit sich und der Welt zu finden, den Augenblick zu genießen und zu entschleunigen.

»How Not To Die – Entdecken Sie Nahrungsmittel, die Ihr Leben verlängern und bewiesenermaßen Krankheiten vorbeugen und heilen« von Dr. Michael Greger
Dieses Buch ist für mich mittlerweile wie eine Ernährungsbibel. Dr. Michael Greger beschäftigt sich mit den häufigsten gesundheitlichen Todesursachen und wie man sie vermeiden kann. Außerdem zeigt er, wie man durch eine vollwertige Ernährung alle Nährstoffe bekommt, die der Körper braucht.

DOKUS

»Minimalism: A Documentary About The Important Things« von Joshua Fields Millburn, Ryan Nicodemus und Matt D'Avella
Diese Doku hat mir den Startschuss gegeben, mein Konsumverhalten von Grund auf zu überdenken. Nach dieser Doku gibt's kein Zurück mehr. Sie ist motivierend und regt zum Nachdenken an. Matt D'Avella ist seitdem auch einer meiner liebsten Inspirationen auf YouTube.
→ *Netflix*

»Before The Flood« mit Leonardo DiCaprio
Leonardo DiCaprio beschäftigt sich mit dem Klimawandel, zeigt seine Auswirkungen und sucht nach Lösungsansätzen, indem er wichtige Menschen auf der ganzen Welt befragt und Orte bereist. Diese Doku öffnet einem mit knallharten Tatsachen die Augen.
→ *Netflix*

»Dominion Movement – Animal Rights Documentary« von Chris Delforce
Chris Delforce zeigt das Ausmaß der heutigen Nutztierhaltung und die Folgen davon. Schau's dir an, wenn du dich traust. Ich hab's getan und war schockiert, obwohl ich immer dachte, darüber schon alles zu wissen.
→ *dominionmovement.com*

»The Game Changers« von James Wilks und Joseph Pace
Bekannte Sportler wie Arnold Schwarzenegger, Jackie Chan, Lewis Hamilton, Patrik Baboumian und viele mehr räumen mit Fakten und fundiertem Wissen alte Ernährungsklischees auf. Es geht darum, wie Marketingstrategien uns gezielt manipulieren und wie sich die erfolgreichsten Sportler von morgen wirklich ernähren.
→ *gamechangersmovie.com*

»The True Cost – Der Preis der Mode« von Michael Ross
Diese Dokumentation zeigt die Folgen unserer Modeindustrie. Wer bezahlt den wahren Preis von Fast Fashion, wenn wir es nicht tun? Was muss passieren, damit wir ein Shirt für 10 Euro kaufen können?
→ *truecostmovie.com*

MEINE WUNSCHLISTE

Wenn du einen Kaufwunsch hast, dann schreib ihn erst mal hier auf, und warte ein paar Tage oder Wochen. Manchmal braucht man es dann doch nicht mehr oder der Wunsch verfliegt von allein. Dann kannst du das Teil auch von deiner Liste streichen. Wenn du es aber unbedingt brauchst oder haben möchtest, bleibt es auch über längere Zeit im Gedächtnis, und du kannst es mit reinem Gewissen kaufen.

Brauche ich	Zeit, die ich abwarten möchte	Hab ich's gekauft?	
		Nein	Ja

Brauche ich	Zeit, die ich abwarten möchte	Hab ich's gekauft?	
		Nein	Ja

Brauche ich	Zeit, die ich abwarten möchte	Hab ich's gekauft?	
		Nein	Ja

MEINE KÄUFE

Hier kannst du deine Käufe dokumentieren, die über deine Fixkosten hinausgehen. Versuche das für mindestens einen Monat, und beobachte deine Einkäufe. Reflektiere später, ob die Käufe wirklich sinnvoll waren.

Ausgaben	Kaufdatum	Kosten

Ausgaben	Kaufdatum	Kosten

Ausgaben	Kaufdatum	Kosten

Ausgaben	Kaufdatum	Kosten

MEIN TAGEBUCH

Hier kannst du all deine Gedanken loswerden, Notizen machen und Fortschritte dokumentieren.

»Glückliche Menschen kaufen nicht.«
Gerald Hüther

»Menschen, die immer daran denken, was andere von ihnen halten, wären sehr überrascht, wenn sie wüssten, wie wenig die anderen über sie nachdenken.«

Bertrand Russell

»We buy things we don't need with money we don't have to impress people we don't like.«
Fight Club

»Der Preis ist das, was du zahlst. Der Wert ist, was man erhält.«
Warren Buffett

»Fast fashion is like fast food. After the sugar rush, it just leaves a bad taste in your mouth.«

Livia Firth

»Die Welt hat genug für jedermanns Bedürfnisse,
aber nicht für jedermanns Gier«

Mahatma Gandhi

»Possessions make you rich? I don't have that type of richness.
My richness is life forever.«

Bob Marley

»Man sieht nur mit dem Herzen gut.
Das Wesentliche ist für die Augen unsichtbar.«

Antoine de Saint-Exupéry

»Döp-döp-döp-dö-dö-döp-döp-döp.
Dö-döp-döp-döp-dö-dö-döp-döp-döp«
H.P. Baxxter

»Verloren sei uns der Tag, wo nicht einmal getanzt wurde!
Und falsch heiße uns jede Wahrheit,
bei der es nicht ein Gelächter gab!«

Friedrich Wilhelm Nietzsche

»Du kannst Veränderungen nicht aufhalten. Genauso,
wie du die Sonne nicht daran hindern kannst unterzugehen.«

aus »Star Wars«

»When you wear vintage, you never have to worry about showing up in the same dress as someone else.«

Jessica Alba

»Ich weiß nicht, ob es besser wird, wenn es anders wird.
Aber es muss anders werden, wenn es besser werden soll.«

Georg Christoph Lichtenberg

»Having respect for animals makes us better humans.«
Jane Goodall

»Die Gerechtigkeit ist nichts anderes
als die Nächstenliebe des Weisen.«

Gottfried Wilhelm von Leibniz

»I am no longer accepting the things I cannot change.
I am changing the things I cannot accept.«

Angela Y. Davis

»Das Leben ist einfach, aber wir bestehen darauf,
es kompliziert zu machen.«

Konfuzius

»There is no beauty in the finest cloth,
if it makes hunger and unhappiness.«
Mahatma Gandhi

»While it is always possible to wake a person who's sleeping, no amount of noise will wake a person who is pretending to be asleep.«

Jonathan Safran Foer

»Ever tried. Ever failed. No matter. Try again. Fail again. Fail better.«

Samuel Beckett

»Die Gier nach Macht und persönlichen Erfolgen lässt die Menschen nüchtern und gleichgültig werden.«

Anton Tschechow

»Nowadays people know the price of everything and the value of nothing.«

Oscar Wilde

»The earth has music for those who listen.«
William Shakespeare

»Be the change you want to see in the world.«
Mahatma Gandhi

»Es gibt keine Größe, wo nicht Einfachheit,
Güte und Wahrheit herrschen.«

Leo Tolstoi

> »Nimm an, was nützlich ist. Lass weg, was unnütz ist.
> Und füge hinzu, was dein Eigenes ist.«
>
> *Bruce Lee*

»Wenn jeder einzelne darauf verzichtet, Besitz anzuhäufen,
dann werden alle genug haben.«

Franz von Assisi

»Wir leben in einem gefährlichen Zeitalter. Der Mensch beherrscht die Natur, bevor er gelernt hat, sich selbst zu beherrschen.«

Albert Schweitzer

»Weniger ist mehr.«
Robert Browning

»Du bekommst was du gibst, wenn du tust was du liebst.«
Unbekannt

»Die Größe einer Nation und ihre moralische Reife lassen sich daran bemessen, wie sie ihre Tieren behandeln.«

Mahatma Gandhi

»Nicht die Glücklichen sind dankbar.
Es sind die Dankbaren, die glücklich sind.«
Francis Bacon

»Es sind nicht unsere Fähigkeiten,
die zeigen, wer wir sind,
sondern unsere Entscheidungen.«

Dumbledore aus »Harry Potter«

»Wenn du im Recht bist, kannst du dir leisten, die Ruhe zu bewahren, und wenn du im Unrecht bist, kannst du dir nicht leisten, sie zu verlieren.«

Mahatma Gandhi

»Die Natur ist die beste Apotheke.«

Sebastian Kneipp

»Kein Mensch war ohne Grund in deinem Leben.
Der eine war ein Geschenk, der andere eine Lektion.«

Unbekannt

»Wer sich nicht selbst helfen will, dem kann niemand helfen.«
Johann Heinrich Pestalozzi

»Gesundheit ist nicht alles, aber ohne Gesundheit ist alles nichts.«
Arthur Schopenhauer

»Übertriebener Fleischgenuss
macht aus jeder Gesellschaft ein Massenkrankenhaus.«

Benedikt von Nursia

»Es ist nicht von Bedeutung, wie langsam du gehst,
solange du nicht stehen bleibst.«

Konfuzius

»We don't need a handful of people doing zero waste perfectly.
We need millions of people doing it imperfectly.«

Anne-Marie Bonneau

»Bescheiden können nur die Menschen sein,
die genug Selbstbewusstsein haben.«
Gabriel Laub

»Wenn du etwas entdeckst, das deine Seele nährt
und Freude bringt, kümmere dich genug um dich selbst,
um in deinem Leben Platz dafür zu schaffen.«

Jean Shinoda Bolen

»If you think the economy is more important than
the environment, try holding your breath while
counting your money.«

Guy R. McPherson

»Wanting always interrupts being.«
Yung Pueblo

»You have succeeded in life,
when all you really want is only what you really need.«
Vernon Howard

»Krankheiten befallen uns nicht aus heiterem Himmel, sondern entwickeln sich aus täglichen Sünden wider die Natur. Wenn sich diese gehäuft haben, brechen sie unversehens hervor.«

Hippokrates

»If we knew what it was we were doing,
it would not be called research, would it?«

Albert Einstein

»Yesterday is history, tomorrow is a mystery,
today is a gift of God, which is why we call it the present.«

Bil Keane

»All you need is love.«
John Lennon

»Sparsamkeit ist eine gute Einnahme.«
Cicero

»Wenn du etwas loslässt, bist du etwas glücklicher.
Wenn du viel loslässt, bist du viel glücklicher.
Wenn du ganz loslässt, bist du frei.«

Ajahn Chah

»Glück ist Liebe, nichts anderes. Wer lieben kann, ist glücklich.«
Hermann Hesse

DANKSAGUNG

Ich möchte mich ganz herzlich bei allen Menschen bedanken, die mich auf meinem Weg zu diesem Buch begleitet haben.

Meine Familie und Freunde, die mir wochenlang bei meiner lautstarken Ideenfindung zugehört und mir immer wieder zu neuen Gedankengängen verholfen haben.

Außerdem möchte ich mich bei Julia Loschelder von Komplett Media für die stundenlangen und aufschlussreichen Telefonate bedanken. Sie hat das komplette Team für das Buch zusammengetrommelt und das Konzept mit mir ausgearbeitet.

Auch meinem Mitschreiber Wieland Stolzenburg möchte ich danke sagen, dass es so einfach möglich war, sich zwischen Österreich und Bali zu einem Buch zu verbünden. Wie schön, dass ich jemanden mit Know-how an meiner Seite hatte, der auch noch dieselben Werte mit mir teilt.

Diana Napolitano stand mir als ausgezeichnete Lektorin bei, und ich konnte einiges dazulernen für mögliche Bücher in der Zukunft. Darüber freue ich mich sehr.

Und auch der lieben Heike Kmiotek möchte ich für die tolle Gestaltung des Buchs danken.

Ein Team mit so vielen aufgeschlossenen, talentierten, verständnisvollen und einfach tollen Menschen um mich zu haben, hat sehr viel dazu beigetragen, dass dieses schnieke Teil hier jetzt existiert.

Danke, Danke, Danke!

Bussi, Jana

QUELLEN

VON JANAKLAR

https://www.global2000.at/alte-textilien

https://greenwire.greenpeace.de/system/files/2019-04/s01951_greenpeace_report_konsumkollaps_fast_fashion.pdf

http://www.virtuelles-wasser.de/baumwolle/

https://www.t-online.de/finanzen/boerse/news/id_70607754/preispolitik-wer-wie-viel-an-einem-t-shirt-verdient.html

https://www.dge.de/presse/pm/so-dick-war-deutschland-noch-nie/

https://www.muttererde.at/fakten/

https://albert-schweitzer-stiftung.de/aktuell/schlachtzahlen-2018

https://www.global2000.at/fleischkonsum-österreich

https://www.wwf.de/fileadmin/fm-wwf/Publikationen-PDF/Klimawandel_auf_dem_Teller.pdf

https://www.klimafakten.de/fakten-statt-behauptungen/fakt-ist

http://www.greenpeace.org/austria/de/News/Aktuelle-Meldungen/Konsum-News/2017/10-Fakten-zu-unserem-Plastik-Planeten-Erde/

https://www.peta.de/klimawandel

https://albert-schweitzer-stiftung.de/aktuell/schlachtzahlen-2018

https://www.greenpeace.de/themen/endlager-umwelt/textilindustrie

https://www.mckinsey.com/business-functions/sustainability/our-insights/style-thats-sustainable-a-new-fast-fashion-formula

VON WIELAND STOLZENBURG

Alexander, S./Ussher, S. (2012): The voluntary simplicity movement: A ulti-national survey analysis in theoretical context. In: Journal of Consumer Culture, 12(1), 66–86

Dittmar, H./Bond, R./Hurst, M./Kasser, T. (2014): The relationship between materialism and personal well-being: A Meta-Analysis. In: Journal of Personality and Social Psychology, 107, 879–924

Fromm, E.: Haben oder Sein – Die seelischen Grundlagen einer neuen Gesellschaft, dtv

Ryder, J.: Positive directions: Shifting polarities to escape stress and increase Happiness, Morgan James Publishing

Sheldon, K. M./Ryan, R. M./Deci, E. L./Kasser, T. (2004): The independent effects of goal contents and motives on well-being: It's both what you pursue and why you pursue it. In: Personality and Social Psychology Bulletin, 30, 475–486